mit
ge
fühl

mit

HEINRICH BEDFORD-STROHM

ge

EIN PLÄDOYER

fühl

claudius

MIX
Papier aus verantwortungsvollen Quellen
FSC
www.fsc.org
FSC® C014496

ClimatePartner°
klimaneutral
Druck | ID 53248-1610-1001

www.claudius.de

Umschlaggestaltung: Mario Moths, Marl
Autorenfoto: © epd-bild/_Norbert Neetz
Gesetzt aus der Univers LT
Druck: GGP Media GmbH, Pößneck

ISBN: 978-3-532-62483-8

INHALT

was wir erfahren haben

„Ich bin ein Fremder gewesen und ihr habt mich aufgenommen". Dieser Satz aus der Bibel steht für eine öffentliche Kontroverse, die unser Land und ganz Europa im vergangenen Jahr mehr beschäftigt hat als jede andere Frage. Sie hat Europa an den Rand der Spaltung gebracht. Sie hat das Parteienspektrum in Deutschland verändert und für heftige und zuweilen erbitterte Diskussionen zwischen zwei Parteien geführt, die sich eigentlich als „Schwesterparteien" verstehen. Sie hat für Streit in Freundeskreisen und Familien gesorgt, in dem starke Emotionen hervorbrechen. Und sie hat die Kirchen intensiv beschäftigt und in einem bislang kaum gekannten Maße zur öffentlichen Einmischung gebracht.

Die einen empfinden das Zitieren dieses Satzes aus dem berühmten Gleichnis vom Weltgericht im 25. Kapitel des Matthäusevangeliums als Moralkeule, mit der alles, was an Fragen und Ängsten angesichts der großen Zahl der hier angekommenen Flüchtlinge aufgekommen ist, einfach beiseite gewischt werden soll. Die anderen beharren darauf, dass sich an diesem Satz eine grundlegende Überzeugung festmacht, die für das Christentum verbindlich ist: der Schutz der Schwachen und ganz besonders der Fremden.

Ich selbst habe diesen Satz zitiert, als ich am 13. September 2015 an der ungarisch-serbischen Grenze stand und in einer Live-Schaltung des *heute journals* meine Einschätzung der Lage zu erläutern hatte. Es war der Tag, bevor Ungarn das letzte noch offene Stück des Stacheldrahtzauns an der Grenze zu Serbien schloss. Der Schutz der Kultur des christlichen Abendlandes, die von den in ihrer Mehrzahl muslimischen Flüchtlingen bedroht sei, wurde vom ungarischen Ministerpräsidenten Viktor Orbán wieder und wieder als Begründung für diesen Schritt ins Feld geführt. Der Schutz des „christlichen Abendlandes“ vor Menschen, in denen Christus selbst uns begegnet? Dass diese Spannung Stoff für Diskussionen bietet, liegt auf der Hand. Und dass die Kirchen nicht schweigen können, wenn das Wort „christlich“ in dieser Weise in die öffentliche Diskussion eingeführt wird, wird auch niemanden überraschen.

Wir haben uns eingemischt. Und das in einzigartiger ökumenischer Gemeinsamkeit. In den Interviews, die der Vorsitzende der Deutschen Katholischen Bischofskonferenz Reinhard Kardinal Marx zu dem Thema gegeben hat, konnte ich jeden Satz unterschreiben. Immer wieder haben wir uns gemeinsam geäußert. Und der gemeinsame Besuch von Papst Franziskus und dem Oberhaupt der weltweiten orthodoxen Kirchen Patriarch Bartholomäus I. auf Lesbos hat gezeigt, wie sehr auch die orthodoxen Kirchen mit im Boot sind.

Ich will auf der Basis der dichten Erfahrungen des vergangenen Jahres und der Reflexion dieser Erfahrungen im Lichte der christlichen Überlieferung eine Zwischenbilanz ziehen und Wege für die Zukunft in den Blick nehmen.

Das Wochenende des 4.-6. Septembers 2015 wird in die Geschichte eingehen. An diesem Wochenende kamen 20 000 Menschen am Münchner Hauptbahnhof an, die in ihrer übergroßen Zahl vor dem Krieg in Syrien und dem Nordirak geflohen waren und nach einem von Hoffnung und Enttäuschung geprägten Irrweg durch Europa nun endlich einen Zufluchtsort fanden. Es sollten im Jahr 2015 am Ende fast eine Million Menschen werden, die unser Land über Monate in Atem halten, aber dabei zugleich eine einzigartige Welle der Hilfsbereitschaft in Gang setzen würden.

Für mich begann die unmittelbare Konfrontation mit der Massivität der Flüchtlingssituation schon ein Jahr früher. Im September 2014 reiste ich in den Nordirak. Nur wenige Wochen vorher hatte der sogenannte „Islamische Staat" dort die Stadt Mossul eingenommen. Seine Milizen hatten die Dörfer der Ninive-Ebene überfallen, Frauen und junge Mädchen entführt und versklavt, eine regelrechte Jagd auf die religiösen Minderheiten veranstaltet. Viele waren einfach in die Wüste oder in die Berge geflohen, hatten Zuflucht gesucht an Orten, die ihnen sicher erschienen. Ich habe mit vielen Flüchtlingen gesprochen, die ihre Hoffnung auf die Hilfe der internationalen Gemeinschaft setzten. Mir wurde unsere Verpflichtung deutlich, für eine von der Weltgemeinschaft garantierte Schutzzone sorgen zu müssen. Denn sonst, so sagten mir die Flüchtlinge, würden sie dorthin fliehen, wo Ruhe und Sicherheit herrschen und sie die Aussicht auf ein normales Leben hätten. Ich habe mich nach meiner Rückkehr für eine militärische Schutzzone der Vereinten Nationen eingesetzt, die den bedrohten Menschen in Nordirak Sicherheit gegeben hätte. Leider vergeblich!

Die Gefahr an Leib und Leben durch den IS wurde nicht überwunden. Viele machten sich tatsächlich auf den Weg in ein Land, in dem sie sicher sein und eine Perspektive für die Zukunft haben würden. Ganz ähnlich ging es den Menschen in Syrien. Sie gaben alles, um ihr Leben zu retten. Diejenigen, die wegen des Bürgerkrieges in Syrien nach Jordanien oder in den Libanon geflohen waren, fanden Bedingungen vor, die irgendwann für viele unerträglich wurden. Dem Lebensmittelprogramm der Vereinten Nationen ging das Geld aus. Die Kinder konnten nicht zur Schule gehen. Schon aus Verantwortung für ihre Kinder machten sich viele auf den Weg nach Europa.

Während bis dahin die meisten an den Rändern Europas landeten, vor allem in Griechenland und Italien, war im Sommer 2015 alles anders. Die Menschen, die nach Europa kamen, wollten sich von Grenzen nicht mehr abhalten lassen – unbeirrt zogen sie dorthin, wo sie eine Zukunft vermuten.

Dass Bundeskanzlerin Angela Merkel die Flüchtlinge aus Ungarn nach Deutschland einreisen ließ, war richtig und ein Akt der Humanität in einer Notsituation. Die Gesamtbewertung der Situation hatte dazu geführt, die Regeln außer Acht zu lassen und einfach für die Menschen da zu sein.

An dem Samstag, an dem die ersten Züge mit Tausenden Flüchtlingen in München ankamen, habe ich mich mit Reinhard Kardinal Marx zum Münchner Hauptbahnhof aufgemacht. Dort arbeiteten Polizei, Behörden und viele, viele Ehrenamtliche Hand in Hand: Die Ankommenden wurden in Empfang genommen, mit Essen und Trinken versorgt und dorthin gebracht, wo sie zumindest die Nacht bleiben konnten, um dann zu einer Erstaufnahmeeinrichtung gebracht zu werden. Die Anstrengung war gewaltig, die Stimmung aber sehr gut. Unter den Flüchtlingen herrschte große Dankbarkeit und unter den Helfern große Hilfsbereitschaft.

Es hat nicht lange gedauert, bis genau das unter Rechtfertigungsdruck geriet, was diese Bilder so erstaunlich machte. Ich bin davon überzeugt, dass es auch über ein Jahr später, nachdem die Euphorie wich und eine gewisse Nüchternheit eintrat, wichtig ist, sich daran zu erinnern und die Bilder vom September 2015 als besonders ausdrucksstarkes Zeugnis von etwas wahrzunehmen, das nach wie vor im Engagement von vielen Millionen Deutschen andauert. Es war eine gegenüber all den Leid- und Todbildern, die uns gegenwärtig so oft begleiten, wunderbar verkehrte Welt, die da sichtbar wurde und deren Zeuge ich bei einem Besuch am Münchner Hauptbahnhof zusammen mit Reinhard Kardinal Marx geworden bin.

Menschen, deren Leben eben noch durch Wellen auf dem Meer an Leib und Leben bedroht gewesen war, wurden jetzt mit einer Welle der Hilfsbereitschaft empfangen. In den Gesichtern der Menschen, die in ihren Heimatländern so Fürchterliches erlebt hatten und nun nach einer zum Teil lebensgefährlichen Reise in einem fremden Land ankamen, stand eine Mischung aus ungläubigem Staunen, Erleichterung und auch bloßer Freude.

Die Helferinnen und Helfer, mit denen ich gesprochen habe, haben trotz teilweise vieler Stunden bereits abgeleisteten Dienstes keine Minute an dem tiefen Sinn ihres Tuns gezweifelt. Und schließlich die Einsatzkräfte: Für mich ist ein Foto dieses Tages zu einem der Bilder des Jahres geworden. Es zeigt einen Polizisten am Münchner Hauptbahnhof, der einem gerade angekommenen kleinen Jungen seine Polizeimütze aufsetzt. Beide strahlen um die Wette. Eine Polizeiuniform, nicht Ausdruck einer staatlichen Gewalt, die Terror verbreitet, wie der Junge es in seinem Herkunftsland kennen gelernt haben mag, sondern sichtbarer Ausdruck von Humanität. Als ich dieses Bild gesehen habe, habe ich gedacht: Wie dankbar bin ich, dass ich in einem Land leben darf, in dem staatliche Beamte so mit Menschen in Not umgehen.

Wo immer ich konnte, habe ich meinen tief empfundenen Dank ausgedrückt gegenüber den vielen, vielen Ehrenamtlichen, die geholfen haben und weiter helfen, aber auch an die unzähligen Hauptamtlichen in Politik, Verwaltung, Behörden, Polizei und Hilfsorganisationen, die mit unglaublichem Einsatz dafür gesorgt haben, dass die Erstaufnahme der Flüchtlinge so gut gelang.

Gut eine Woche nach dem historischen Wochenende in München stand ich an der ungarisch-serbischen Grenze in dem Grenzort Röszke. Die Menschen, die mir dort begegnet sind, waren erschöpft und erleichtert gleichermaßen. Sie hatten es gerade noch bis hierher geschafft, bevor die Grenze einen Tag später geschlossen wurde. Mir war klar, dass die, die nach ihnen kommen würden, vor dem Stacheldrahtzaun nicht stehenbleiben oder gar umkehren würden, sondern sich andere, möglicherweise auch gefährliche Wege nach Europa suchen würden. Am nächsten Tag reisten wir nach Serbien. An der serbisch-mazedonischen Grenze sprach ich mit Flüchtlingen, die gerade gehört hatten, dass der Weg über Ungarn an diesem Tag geschlossen würde. Kein einziger von ihnen erwog, einfach umzukehren. Hussein, ein Bäckergeselle aus Syrien, erzählte mir, wie er bei der Überfahrt von der Türkei nach Griechenland fast ertrunken wäre. Seinen Pass hat er im Wasser verloren. Umkehren kam für ihn nicht in Frage. Wohin hätte er gehen sollen? Sein Optimismus schien unerschütterlich. Ich denke oft an Hussein und frage mich, was aus ihm geworden ist. Ob er auf anderem Wege nach Deutschland oder ein anderes Land Europas gekommen ist? Oder in Griechenland festsitzt? Oder wieder zurück in die Türkei gebracht wurde und dort in einem Lager gelandet ist?

Im September dieses Jahres habe ich ein solches Lager besucht – im türkischen

Diyarbakir – 150 km von der türkisch-syrischen Grenze. In dem Lager wohnen vor allem jesidische Familien aus dem Nordirak, die meisten von ihnen aus Sindschar, wo im August 2015 Zehntausende vom IS eingeschlossen waren. Manche sind verhungert oder verdurstet. Viele konnten durch den Einsatz der amerikanischen Luftwaffe und der Peschmerga-Kämpfer gerettet werden.

Die jesidische Familie, mit der wir im Zelt gesprochen haben und die seit 2 ½ Jahren hier lebt, ist verzweifelt. Das Schlimmste ist die Trennung. Die Frau mittleren Alters, mit der wir sprechen, erzählt von ihrem Sohn in Griechenland und von einem anderen Sohn in Deutschland. Dort werde er gut behandelt. Ihr sehnlichster Wunsch ist, zu ihm zu kommen. Bisher haben sich keine Wege dazu aufgetan. Die jüngere Frau, die neben ihr sitzt, eine Cousine, hat zwei kleine Kinder auf dem Schoß. Sie hat keine Ahnung, wo sie hin soll. Die beiden Kinder haben keinen geregelten Schulzugang. Nur dank der Diakonie Katastrophenhilfe, die mit ihren türkischen Partnern zusammen, von der Stadt Diyarbakir unterstützt, das Lager trägt, bekommen sie Förderung.

Fast drei Millionen Menschen hat die Türkei aufgenommen. Ist es zu viel erhofft, dass eine jesidische Mutter, die seit Jahren ohne Perspektive in der Türkei in einem Lager wartet, zu ihrem Sohn nach Deutschland kann? Solche Geschichten sind der Hintergrund dafür, dass wir als christliche Kirchen nach wie vor mehr legale Fluchtwege nach Deutschland und Europa fordern.

Und noch von einer anderen Reise erzähle ich. Es war der Kurzbesuch auf Sardinien, zu dem ich im August 2016 aufgebrochen bin. Auf der Werra, einem Schiff der Bundesmarine, habe ich die Soldaten besucht, die in der Mission „Sophia" im Mittelmeer eingesetzt sind. Ihr Auftrag ist vor allem die Zerschlagung der Schleppernetzwerke, die ohne Skrupel Flüchtlinge in akute Lebensgefahr bringen, indem sie sie in Schlauchboote pferchen und aufs Mittelmeer schicken. Ihr Motiv ist nicht Humanität, sondern reine Geldgier. Sie ist dafür verantwortlich, dass alleine in der ersten Hälfte des Jahres 2016 um die 3 000 Menschen im Mittelmeer ertrunken sind. Ich begrüße ausdrücklich die Zerschlagung dieser Schleppernetzwerke. Sie sind verbrecherisch. Es ist eine polizeiliche Aufgabe, die die Bundesmarine dort erfüllt. Gekoppelt mit alternativen, legalen Fluchtwegen, verdient diese Aufgabe Unterstützung.

Noch klarer ist das bei der Aktivität, die faktisch den größten Raum für die Werra einnimmt. 17 000 Menschen haben die Boote der Bundesmarine schon vor dem Ertrinken im Mittelmeer gerettet. Zwei von ihnen hatte ich am Vorabend beim Besuch eines Flüchtlingsheims auf Sardinien persönlich kennen gelernt. Ohne den Einsatz der „Werra“ wären sie tot. Das war der Grund, warum ich bei meiner Predigt im Gottesdienst auf der „Werra“ von einem „Samariterboot“ gesprochen habe. Mancher mag sich gewundert haben, dass ein Bischof ein Militärboot so bezeichnet. Aber ich habe das bewusst getan. Denn hier ging es nicht um das Segnen von Waffen, sondern hier ging es um das Segnen von Nothilfe für die Schwächsten.

Meine Erfahrungen in der direkten Begegnung mit den betroffenen Menschen haben mir gezeigt: Das Leid der Menschen, die aus ihren Ländern fliehen, ist groß. Man kann, man darf es nicht einfach wegschieben, indem man die Grenzen schließt und die Menschen, um die es geht, damit lediglich aus dem eigenen Gesichtsfeld entfernt.

Was war es, das in München, in Saalfeld, in Dortmund und in so vielen anderen deutschen Städten die Menschen mobilisiert hat, um andere Menschen willkommen zu heißen, die sie noch nie gesehen hatten? Und aus welcher Quelle kommt es? Was ist es, was die Menschen motiviert hat?

woran
wir uns
orientieren
können

Die Antwort ist nicht schwer zu finden. Es war schlicht und einfach Empathie. Ein Mitgefühl, das das Leid, das vor Terror und Gewalt fliehende Menschen erleben, zum eigenen Leid werden lässt. Das Ausmaß, in dem solche Empathie angesichts des Leids der Flüchtlinge überall in Deutschland sichtbar und spürbar geworden ist, das ist das eigentlich Historische an dem, was wir erlebt haben und erleben.

Als Kirchen können wir uns über diese Empathie gegenüber Flüchtlingen nur freuen. Und jeder, der der christlichen Tradition wirklich zentrale Prägekraft für unsere Kultur zukommen lassen will, wird für das gelebte Christentum, das in dieser Empathie seinen Ausdruck findet, nur dankbar sein können.

Der Respekt vor der Würde des Menschen hat tiefe Wurzeln in der jüdisch-christlichen Tradition. Dieser Respekt gründet auf der in der biblischen Schöpfungsgeschichte zum Ausdruck kommenden Überzeugung, dass jeder Mensch einen unendlichen Wert besitzt, der ihm von Gott zugesprochen wird und der ihm deswegen durch niemanden aberkannt werden kann. Er hat nach den schmerzlichen historischen Gewalterfahrungen der letzten Jahrhunderte in den internationalen Rechtstraditionen breiten Konsens gefunden und bleibt doch immer noch so häufig ein erst noch zu erreichendes Ziel. Im Grundgesetz hat er mit dem ersten Satz in Artikel 1 prägende Bedeutung bekommen: „Die Würde des Menschen ist unantastbar".

Die Kirchen haben historisch erst relativ spät ihre Liebe zu diesem Satz entdeckt, obwohl er sich maßgeblich den Impulsen der jüdisch-christlichen Tradition verdankt. Dass der Mensch geschaffen ist zum Bilde Gottes, wie es an der berühmten Stelle in

1. Mose 1,27f. heißt, schärft die Sinne für die Missachtung dieser Grundbestimmung des Menschseins und lenkt den Blick auf diejenigen, bei denen sie besonders auf dem Spiel steht, weil sie besonders verletzlich sind. Flüchtlinge und Migrantinnen, die um Aufnahme ersuchen, gehören ebenso zu diesen Menschen wie diejenigen, die schon länger in ihrem Land leben, aber wegen Armut oder sozialer Diskriminierung von der Teilhabe an den gesellschaftlichen und wirtschaftlichen Prozessen ausgeschlossen sind.

Wir sind so an die Rede von der Gottebenbildlichkeit des Menschen als grundlegendes Element unseres kulturellen Gedächtnisses gewohnt, dass wir zuweilen vergessen, wie ungeheuerlich, aber auch wie kostbar diese Behauptung ist. „Du hast ihn (den Menschen) wenig niedriger gemacht als Gott", heißt es im Psalm 8. Und im Christentum mündet diese schon in der jüdischen Tradition starke Annahme nun sogar in der Überzeugung, dass Gott selbst in Jesus Christus Mensch geworden ist. Stärker kann man das humanitäre Erbe, dem wir verpflichtet sind, nicht begründen als mit der Überzeugung, dass uns in einem Menschen Gott selbst begegnet, und man muss es noch genauer sagen: in einem Gekreuzigten, in einem, der als politisch und religiös Verfolgter den Foltertod gestorben ist.

Diese theologische Grunderkenntnis fegt alle religiösen Interpretationen hinweg, die aus diesem revolutionären Weltverständnis einen von religiöser Innerlichkeit geprägten Kult machen wollen. Es gibt auf der Grundlage dieses Glaubens keine Gottesbeziehung mehr ohne Beziehung zum Nächsten. Deswegen kann es aus meiner Sicht auch nicht die Frage sein, ob sich die Kirche, die aus dieser Tradition heraus lebt, zu öffentlichen Diskussionen äußert, in denen es um die Überwindung menschlicher Not geht, sondern nur, wie sie sich dazu äußert.

Die Bekräftigung der Gottebenbildlichkeit des Menschen ist die wichtigste Quelle für das, was ich „Ethik der Einfühlung" nenne.

Wir Christen glauben zusammen mit den Juden an einen Gott, dessen Wesen von seiner mitleidenden und mitfühlenden Zuwendung zu den Menschen geprägt ist. Das Wort, das in unserer Überlieferung dafür steht, ist Barmherzigkeit. Wir glauben an einen Gott, der sich erbarmt, wenn Menschen zu ihm um Hilfe schreien: *„Er sah ihre Not an [...] und es reute ihn"* (Psalm 106,44f.).

Es gehört zum Wesen dieses Gottes, an den wir glauben, dass es einer ist, der sein Volk aus der Unterdrückung, aus der Sklaverei in Ägypten herausgeführt hat in die Freiheit. Das Gebot zum Schutz des Fremdlings wird ausdrücklich in dieser als heilsam erfahrenen Beziehungsgeschichte Gottes mit den Menschen verwurzelt:

„Wenn ein Fremdling bei euch wohnt in eurem Lande," – heißt es im 3. Buch Mose – *„den sollt ihr nicht bedrücken. Er soll bei euch wohnen wie ein Einheimischer unter euch, und du sollst ihn lieben wie dich selbst; denn ihr seid auch Fremdlinge gewesen in Ägyptenland. Ich bin der HERR, euer Gott.* (3. Mose 19,33f.; ähnlich 5. Mose 10,19f.; 2. Mose 22,20).

Diese Begründung kann als geradezu klassischer Ausdruck der Verwurzelung der Liebe zum Mitmenschen in der Gottesbeziehung gesehen werden. Denn es heißt hier gerade nicht einfach: Du sollst die Fremdlinge lieben! Sondern es wird gleichzeitig für das Gebot geworben, in einer doppelten Weise.

Zum einen wird an die Einsehbarkeit des Gebots aufgrund der eigenen Erfahrung appelliert: „Du weißt doch, wie es ist, fremd zu sein und ausgegrenzt zu werden. Also handle an dem Fremden genauso, wie du selbst es dir wünschen würdest, wenn du in der gleichen Situation wärst!“ Und die zweite Weise, in der für das Gebot geworben wird, bezieht sich direkt auf Gott selbst. „Denn ich bin der Herr, dein Gott“ heißt es zum Schluss. Ich mache mir die Sache aller Fremden zu eigen, wie ich mir eure Sache zu eigen gemacht habe. Ich bin euer Gott, ich habe die Fremdlinge lieb. Also habt auch ihr die Fremdlinge lieb!

Mit dem konstitutiven Charakter der Einfühlung stoßen wir auf ein Charakteristikum jüdisch-christlicher Ethik, das bei der Frage nach dem Umgang mit dem Fremdling besonders deutlich wird, das aber für die Ethik als ganze gilt. Besonders deutlich wird das, wenn wir einen bestimmten Aspekt des für die christliche Ethik so zentralen Doppelgebots der Liebe näher betrachten, nämlich seine enge Verbindung zur sogenannten „Goldenen Regel": *„Alles, was ihr wollt, dass euch die Leute tun sollen, das tut ihnen auch. Das ist das Gesetz und die Propheten"* (Matthäus 7,12). Die andere Stelle im Neuen Testament, an der diese zusammenfassende Formel „Das ist das Gesetz und die Propheten" noch vorkommt, ist das Doppelgebot der Liebe: Gott lieben und den Nächsten lieben.

Es ist einigermaßen erstaunlich, dass das Liebesgebot damit so eng mit der Goldenen Regel verknüpft wird. Denn häufig gilt das Liebesgebot als die Krone des Christentums, während die Goldene Regel eher als vergleichsweise unspektakuläre Gegenseitigkeitsregel gilt. Aber das ist falsch. Die Goldene Regel zeigt uns viel mehr, wie viel

Sinn es ergibt, dem Liebesgebot gemäß zu leben. Das wird gerade am Umgang mit den Flüchtlingen deutlich. Denn es folgt daraus eine Ethik der Einfühlung: „Stell dir vor, du wärest in dieser Situation. Würdest du dir nicht auch eine faire Behandlung wünschen?"

Dass Gott sich mit den Fremden identifiziert, dass der Schutz des Fremden in der Bibel in einem unlösbaren Zusammenhang mit der Gottesbeziehung gesehen wird, findet seine Spitzenformulierung im Gleichnis vom Weltgericht, auf die ich eingangs Bezug genommen habe und in der der Umgang mit dem Fremdling als Prüfstein für den Umgang mit Christus selbst wird. *„Ich bin ein Fremder gewesen"*, sagt Christus, *„und ihr habt mich aufgenommen"* (Matthäus 25,35).

Der Zusammenhang zwischen dem Gott, der für uns als Christinnen und Christen die

Kraft- und Lebensquelle ist, und dem verletzlichen Mitmenschen ist – so haben wir gesehen – unlöslich.

Aber gibt es nicht Grenzen der Verantwortlichkeit gegenüber den Mitmenschen? Bedeutet es nicht eine hoffnungslose Überforderung, wenn das Gebot der Nächstenliebe gegenüber allen Menschen auf der Erde gelten soll, unabhängig davon, ob sie in unserem sozialen Nahbereich leben oder irgendwo auf der Welt, weit weg von uns, grenzenlos? Sind wir nicht zuallererst unseren Kindern, Eltern und Freunden gegenüber verantwortlich? Ja, darf man überhaupt den Bedürftigen anderswo so viel Aufmerksamkeit widmen, wenn es doch im eigenen Land auch viel Not gibt?

Der amerikanische Theologe Stephen Post vertritt ein Konzept von Nächstenliebe, das die sogenannten „special relations" in den

Mittelpunkt stellt, die familiären und freundschaftlichen Beziehungen im Nahbereich also, die eine besondere Intensität der Liebe beinhalten. Diese Orientierung an den „special relations" verbindet sich mit einer scharfen Kritik an Konzepten der Liebe, die am Universalismus der Aufklärung orientiert sind, wie er etwa in der Menschenrechtstradition seinen wirkmächtigen Ausdruck gefunden hat.

Wenn es – so Stephen Post – stimmt, dass die natürliche Ordnung des Lebens theologische und moralische Bedeutung hat, wenn also Gott die Welt durch „special relations" zwischen den Menschen ordnet, dann müssen diese Nahbeziehungen auch einen moralischen Vorrang haben. Es ist klar, sagt er, dass wir auch gegenüber Fremden Verpflichtungen haben und eine exklusive Konzentration auf Familie und Freunde problematisch ist. Das heißt aber nicht, dass dieser Konzentration ihr moralischer Vorrang abgesprochen werden dürfe.

Der Charme dieser Position liegt in ihrer Nähe zu intuitiv einleuchtenden Alltagserfahrungen. Denn natürlich empfinden wir eine direktere moralische Verpflichtung gegenüber den uns anvertrauten eigenen Kindern als gegenüber notleidenden Kindern in anderen Erdteilen. Ein Verhalten, das den eigenen Kindern so lange nachrangige Aufmerksamkeit schenken würde wie es Kinder anderswo gibt, denen es schlechter geht, würde zu Recht auf moralische Kritik stoßen und wäre geradezu unmenschlich.

Dennoch ist es natürlich kein Zufall, dass im Neuen Testament das Liebesgebot nicht zuletzt anhand von Geschichten erläutert wird, in denen das Liebeshandeln über den sozialen Nahbereich hinausgeht. Das gilt für den reichen Jüngling und die Forderung, sein

Geld an die Armen zu verteilen (Matthäus 19,16-26), genauso wie für den Barmherzigen Samariter, der gerade als Ausländer und Angehöriger einer anderen Religion dem verletzten Juden zum Nächsten wird (Lukas 10,25-37).

Das intuitiv plausible „Verwiesensein" an die Menschen im sozialen Nahbereich und der Universalismus des Liebesgebots geraten indessen dann nicht in Widerspruch zueinander, wenn wir den Universalismus als „konkreten Universalismus" verstehen und ihn in eine Ethik der Einfühlung einzeichnen.

Konkrete und dichte personale Beziehungen im sozialen Nahbereich und universale Sorge um menschliches Wohlergehen – so der Kern dieses Gedankens – bedingen einander. Der Einsatz für „die Fernen", für Menschen also, mit denen weder persönliche Bekanntschaft besteht noch eine gemeinsame religiöse oder weltanschauliche Orientierung vorliegt, wird dann zum abstrakten Ersatz für Liebe, wenn er sich nicht kontinuierlich speist aus der Erfahrung empfangener und gegebener Liebe im sozialen Nahbereich. Liebe zu den Fernen ist genau deswegen möglich, weil die direkten sozialen Beziehungen immer neu lehren und gefühlsmäßig untermauern, was Menschen erleiden und was sie erhoffen.

Dankbares Leben in der Dichte und Intimität der „special relations" steht in der Perspektive eines konkreten Universalismus in keinem Konkurrenzverhältnis zu einem Leben im Horizont universaler Liebe, sondern fördert es. Die Möglichkeit der Liebe zu den Fernen beruht wiederum auf Einfühlung.

Ein Beispiel mag illustrieren, was damit gemeint ist: Eine Mutter, die sich an ihren Kindern freut und für sie sorgt, die also versucht, Liebe in den „special relations" zu üben, kann im Horizont des Gebotes der Nächstenliebe gar nicht anders, als ihre Liebe universal zu öffnen. Gerade weil sie die Dichte menschlicher Beziehung im sozialen Nahbereich so deutlich erfährt, wird sie in Stand gesetzt, auch die ihr fern stehenden Fremden mehr als nur abstrakt zu lieben. Sie kann sich einfühlen in die Bedrängnis der jesidischen Mutter im Flüchtlingslager in Diyarbakir, die ihren Kindern keine Zukunftsperspektiven geben kann und daran zu verzweifeln droht. Gerade weil sie Liebe in den „special relations" übt und erfährt, wird sie „liebesfähig" über diese „special relations" hinaus.

Eine Position, die christliche Liebe nur in personalen Nahbereichsbeziehungen am Werke sehen will, unterschätzt das universale Potential liebender Einfühlung. Die Überzeugung, dass alle Menschen Gottes gute Geschöpfe Gottes sind, überwindet ein Verständnis des Liebesgebots, das die Einfühlung in den Anderen je nach Nähe oder Ferne abstuft oder den Fernstehenden gar ganz vorenthalten will. Durch die in der Ziellinie des biblischen Liebesgebotes liegende Einfühlung kann auch aus dem fernen Nächsten der nahe Nächste werden.

Aber kann ein biblisches Gebot überhaupt Maßstab für politisches Handeln sein? Oder gilt nicht im politischen Raum schlicht und einfach der Maßstab der Vernunft? Ist es nicht geradezu eine Errungenschaft des modernen Staatswesens, dass religiöse Gebote dort keinen ausschlaggebenden Charakter haben?

In der Theologie hat sich schon Martin Luther im 16. Jahrhundert – lange vor der Aufklärung und der Entwicklung des weltanschaulich neutralen demokratischen Staates – intensiv mit dieser Frage auseinandergesetzt. Die sogenannte „Zwei-Reiche-Lehre", präziser: die „Zwei-Regimente-Lehre", entstammt unmittelbar reformatorischem Traditionsbestand und blickt auf eine fast fünfhundertjährige Rezeptionsgeschichte zurück.

Martin Luther stieß in seiner praktischen Tätigkeit als Politikberater immer wieder auf die Frage, wie ein Fürst das christliche Gebot der Barmherzigkeit berücksichtigen und gleichzeitig seiner Verantwortung für die gesamte Gemeinschaft gerecht werden könne.

Die Gebote der Bergpredigt – so Luther – kann und soll der Einzelne befolgen. Sie gelten in dem, was er das „geistliche Regiment" nennt. Wenn sie aber direkt in die Politik übertragen werden, besteht die Gefahr, dass das Gegenteil von dem erreicht wird, was damit beabsichtigt ist: Nicht

Barmherzigkeit und Nächstenliebe werden gefördert, sondern dem Recht des Stärkeren wird Tür und Tor geöffnet. Deswegen braucht es das „weltliche Regiment“ Gottes: Die Politik muss für die Einhaltung des Rechts sorgen und braucht dazu auch Zwangsmittel, die dann greifen, wenn das Recht sabotiert wird.

Immer wieder ist die Zwei-Regimente-Lehre so verstanden worden, als ob im weltlichen Bereich eine Eigengesetzlichkeit herrsche, die dem Barmherzigkeitsgebot im geistlichen Bereich entgegenstehe. Nach einem solchen Verständnis wäre eine strikte Politik der Abschottung gegenüber Flüchtlingen kein Problem, weil das christliche Barmherzigkeitsethos nicht im weltlichen Bereich anzuwenden wäre.

Nichts könnte im Sinne Martin Luthers falscher sein. Denn natürlich steht auch das weltliche Reich unter dem Regiment Gottes. Und dieser Gott ist kein anderer als der, der sich in Jesus Christus gezeigt hat. Recht und Barmherzigkeit sind deswegen kein Gegensatz, sondern müssen aufeinander bezogen werden. Mit beißender Schärfe klagt Luther immer wieder das Handeln der Obrigkeit zum Schutz des Rechts der Schwachen ein, etwa in der Frage wirtschaftlicher Gerechtigkeit. Nach Luther ist es nicht die Frage, ob sich die Vertreter der Obrigkeit an Gottes Option für die Armen zu orientieren haben, sondern nur, wie sie es am besten tun.

Der Jurist Udo Di Fabio hat in seinem Vortrag vor der EKD-Synode Anfang November 2015 in Bremen festgehalten: „Luther wollte gerade keinen Beitrag zur weltlichen Rechtsentwicklung leisten und hat es objektiv dennoch getan. Im Reich Gottes sollten Gnade und Barmherzigkeit herrschen, während im weltlichen Reich auch Strafe und

Ernst regierten." Kirchen seien aus diesem Verständnis heraus keine politischen Akteure. Dass Kirche unpolitisch zu sein habe, schließt Di Fabio daraus nun aber genau nicht. Die Kirchen – so stellt er fest – „irritieren den politischen Prozess. Sie sagen etwas zum politischen Prozess, sie nehmen Stellung. Sie stehen nach wie vor, wie das seit 500 Jahren der Fall ist, für ein Stück Zivilgesellschaft, die eine besondere ideelle Fundierung besitzt, nämlich im Glauben, in der christlichen Botschaft, in der Heiligen Schrift."

Dem kann man nur zustimmen. Wenn die Kirchen sich von ihrem spezifischen Liebesethos her in die politischen Diskussionen einmischen, dann tun sie das nicht mit klerikalistisch-bevormundender moralischer Besserwisserei, sondern weil sie ihre Aufgabe als vitale Akteure einer demokratischen Zivilgesellschaft ernstnehmen. Da der liberale Staat die Quellen nicht selbst hervorbringen kann, aus denen er lebt, ist er angewiesen auf zivilgesellschaftliche Akteure wie die Kirchen, die ihr über Jahrtausende gewachsenes Orientierungswissen in die öffentlichen Diskurse einbringen. Die Einmischung der Kirchen, gerade in der Flüchtlingsfrage, ist deswegen nicht nur notwendiger Ausdruck ihres theologisch begründeten öffentlichen Auftrags, sondern auch ein Dienst an einer Gesellschaft, die auf Orientierung angewiesen ist.

Trotzdem sind gegenüber der Position der Kirchen zur Flüchtlingsfrage auch kritische Stimmen laut geworden, die ihnen gesinnungsgeleiteten moralischen Rigorismus vorgeworfen haben. Dabei ist ein Begriffspaar wieder in den Mittelpunkt gerückt, das auch in früheren politischen Debatten schon eine Rolle spielte, nämlich das Begriffspaar der „Gesinnungs- und Verantwortungsethik".

Im Zusammenhang der Verwend… beiden Begriffe in der Flüchtlingsdisku… zeigt sich, wie sehr Zerrbilder eine sach… mäße ethische Meinungsbildung in einer Fragestellung erschweren, die für die Zukunft unseres Landes zentral ist.

Wenn uns im vergangenen Jahr der Vorwurf der Gesinnungsethik gemacht wurde, habe ich mich immer wieder gefragt, auf welche Aussagen sich dieser Vorwurf eigentlich beziehen sollte. Und ich habe mich gefragt, ob er nicht doch zuallererst als Keule gegen unliebsame moralische Rückfragen dienen sollte.

Mir jedenfalls ist immer besonders wichtig gewesen, dass die Kirchen öffentlich für politische Entscheidungen eintreten, die jenseits moralischer Richtigkeit die Realität auch wirklich verändern. Eine Sozialethik, so habe ich immer wieder gesagt, die nur dann funktioniert, wenn man sie nie anwenden muss, ist eine schlechte Sozialethik, weil sie keine Folgen hat. Es darf keine Arbeitsteilung geben, nach der die Kirchen zuständig wären für Humanitätspostulate und die Politik für konkretes Handeln. Entscheidend ist, dass beides aufeinander bezogen wird. Wenn Politik die Humanität hintanstellt, dann verfehlt sie ihren Auftrag. Umgekehrt gilt: Wenn Kirche nicht die Dilemmata wahrnimmt, in denen Politik sich bewegt, dann redet sie über die Realität hinweg. Das ist gerade dann genau zu bedenken, wenn man sich kirchlicherseits auf den biblischen Auftrag zur prophetischen Rede beruft.

Gesinnungsethik und Verantwortungsethik zwischen Kirche und Politik aufzuteilen, wird der Komplexität der Motive auf den unterschiedlichen Seiten nicht gerecht. Es wäre zudem eine Entstellung der Intentionen, mit denen dieses Begriffspaar ursprünglich eingeführt wurde. Denn genau den Zusammenhang in der Unterscheidung beider hat Max Weber ausdrücklich hervorgehoben, als er vor bald einem Jahrhundert in seinem Vortrag „Politik als Beruf" das Wortpaar einführte.

Gesinnungsethiker sind für Weber jene Menschen, die sich keine Gedanken über die Folgen ihres Handelns machen oder jedenfalls nicht bereit sind, für diese Folgen Verantwortung zu übernehmen. Verantwortungsethiker dagegen machen sich Gedanken über die Folgen ihres Tuns und richten ihr Handeln danach aus. Entscheidend aber ist für Weber, dass sie auch bei ihrem verantwortlichen Handeln von einer Gesinnung geleitet sind und sein müssen. Unermesslich erschütternd sei es, sagt Weber, „wenn ein reifer Mensch – einerlei ob alt oder jung an Jahren –, der diese Verantwortung für die Folgen real und mit voller Seele empfindet und verantwortungsethisch handelt, an irgendeinem Punkte sagt: ‚Ich kann nicht anders, hier stehe ich'. Das ist etwas, was menschlich echt ist und ergreift. Denn diese Lage muss freilich für jeden von uns, der nicht innerlich tot ist, irgendwann eintreten können. Insofern sind Gesinnungsethik und Verantwortungsethik nicht absolute Gegensätze, sondern Ergänzungen, die zusammen erst den echten Menschen ausmachen, den, der den ‚Beruf zur Politik' haben kann."

Wir müssen also aufhören, Humanität und Realismus gegeneinander auszuspielen. Es ist nicht hilfreich für die öffentliche Diskussion, für eine bestimmte politische Position das Merkmal „Realismus" in Anspruch zu nehmen und abweichende Meinungen unter Blauäugigkeitsverdacht zu stellen oder der Humanitätsduselei zu verdächtigen.

Was Wirklichkeitsnähe bedeutet, so hat Dietrich Bonhoeffer in seiner Ethik unter der Überschrift „Christus, die Wirklichkeit und das Gute" in eindrucksvoller Weise deutlich gemacht, kann, jedenfalls aus christlicher Sicht, nie ohne den Blick auf Christus als die unserer Wirklichkeit zugrundeliegende Realität verstanden werden. Realismus kann deswegen auch nie von dem absehen, was Bonhoeffer den „Blick von unten" nennt. Für die Flüchtlingsfrage heißt das, dass Realismus immer auch befriedigende Antworten auf die Frage geben können muss, was die damit verbundenen Optionen jeweils für die Schwächsten bedeuten.

Oder noch einmal mit Max Weber gesprochen: Jede Verantwortungsethik beruht auch auf einer bestimmten Gesinnung. Gesinnungsethik und Verantwortungsethik können deswegen nie einfach einander gegenüber gestellt werden, sondern müssen aufeinander bezogen werden. Wenn die Gesinnung eine christliche ist, heißt verantwortliches Handeln, die Konsequenzen auch für die Schwächsten in die eigenen Überlegungen miteinzubeziehen. Und im Lichte der Universalität des Liebesgebotes heißt es, den Horizont der Verantwortung nicht an den bayerischen, deutschen oder europäischen Grenzen festzumachen, sondern global zu verstehen.

Wer Gesinnungsethik und Verantwortungsethik aufeinander bezieht, muss sich die Frage stellen, wie wir eigentlich mit den Grenzen unserer Möglichkeiten umgehen sollen. Oder muss man gar von „Grenzen der Nächstenliebe" sprechen?

Wie kann ein Verständnis universaler Nächstenliebe, wie ich es hier entwickelt habe, gelebt werden, ohne die Menschen permanent moralisch zu überfordern? Bundespräsident Joachim Gauck hat das Problem am 27. September 2015 bei der Eröffnung der Interkulturellen Woche in Mainz auf den Punkt gebracht: „Wir wollen helfen. Unser Herz ist weit. Doch unsere Möglichkeiten sind endlich".

Ich war selbst dabei, als er die Rede hielt. An keiner Stelle hatte ich das Gefühl, dass sie in Spannung zu christlichen Grundorientierungen stand. Im Gegenteil: Es war eine von Empathie geprägte Rede, die ein Problem in den Blick nahm, dem ja tatsächlich nicht ausgewichen werden konnte.

Niemand kann allen Menschen in Not auf der Welt helfen. In den Kirchen hatte das im Übrigen auch keiner behauptet. Entscheidend war und ist aber die Frage, wie wir mit den Grenzen unserer Möglichkeiten umgehen. Dabei lassen sich durchaus verschiedene, allerdings höchst unterschiedlich tragfähige und verantwortbare Antworten geben.

Die *erste Antwort* ist die Verdrängung. Wir versuchen der moralischen Verpflichtung schlicht dadurch aus dem Weg zu gehen, dass wir das Problem ignorieren. Wenn menschliche Not über den Bildschirm flimmert, schalten wir um oder ab. Wenn Not vor unserer eigenen Haustür sichtbar wird, gehen wir so schnell wie möglich vorbei und denken an etwas anderes.

Aber funktioniert das? Spätestens wenn – wie das im Falle der Flüchtlingskrise der Fall war – uns die Not so nahe rückt, dass wir sie nicht mehr verdrängen können, kommt diese Antwort an ihr Ende. Und vielleicht meldet sich auch durch die damit verbundene Gleichgültigkeit hindurch irgendwann eine moralische Intuition, die nicht länger wegzudrücken ist.

Eine *zweite Antwort* ist das Abschieben der Verantwortung. Wer sich und seine Familie auf den Weg nach Europa macht, so diese Antwort, weiß, worauf er sich einlässt und kann nicht erwarten, dass Europa jeden aufnimmt. Sichere Orte gibt es auch näher am Heimatland oder in bestimmten Regionen des eigenen Heimatlandes. Es kann sogar verantwortungslos sein, wenn Menschen sich und ihre Kinder in lebensgefährlichen Schlauchbooten der Gefahr des Ertrinkens im Mittelmeer aussetzen. Nicht wir tragen die moralische Verantwortung, wenn sie ertrinken, sondern sie selbst und die, die ihnen helfen.

Diese Antwort enthält einen gewissen Zynismus. Diejenigen, die sich aus Verzweiflung in Lebensgefahr begeben, werden selbst für ihr Schicksal verantwortlich gemacht, obwohl sie das nur tun, weil ihnen legale Fluchtwege verwehrt werden. Wohin sollen sie gehen? In ein Flüchtlingslager in Jordanien, wo es angesichts der völligen Überforderung mit so vielen Flüchtlingen keine Zukunft für ihre Kinder gibt?

Eine *dritte Antwort* ist das Ignorieren der Grenzen der eigenen Möglichkeiten. Rechtliche Hindernisse bei der Aufnahme werden grundsätzlich kritisiert. Nächstenliebe und Barmherzigkeit – so diese Antwort – verbieten solche rechtlichen Grenzen. Wer in Not ist, der muss aufgenommen werden. Abschiebungen werden daher auch nicht nur in bestimmten Fällen, sondern grundsätzlich verurteilt. Landesgrenzen sind ethisch nicht zu rechtfertigen, weil sie letztlich nur dazu dienen, den eigenen Wohlstand gegenüber anderen abzusichern.

Asylverfahren machen dann natürlich als solche keinen Sinn mehr. Denn wenn das Ergebnis rechtlicher Verfahren gar nicht durchgesetzt werden kann oder soll, kann man sich solche aufwendigen Verfahren gleich sparen. Moralisches Verhalten ist in dieser Sicht nicht vereinbar mit rechtlichen Regeln, die der Aufnahmebereitschaft Grenzen setzen.

Diese Antwort scheint den höchsten moralischen Dichtegrad zu haben. Aber kann sie moralisch überzeugen, wenn keinerlei klare Indizien für ihre Umsetzbarkeit vorliegen? Was – diese Frage ist auch von moralischer Bedeutung – würde passieren, wenn man dieser Antwort wirklich folgen würde? Wo würden die unbegrenzt einreisenden Menschen wohnen? Welche Verwaltung wäre in der Lage, sie alle angemessen und verlässlich zu versorgen? Wie könnte die Herrschaft des Rechts, die ja am Ende v.a. die Schwachen schützt, die sich nicht selbst helfen können, aufrechterhalten werden? Kann der soziale Friede bewahrt werden, wenn angesichts schranken- und grenzenloser Aufnahme die Kontrolle verloren ginge? Und schließlich: Würden die Aufnahmestandards sich radikal nach unten bewegen und irgendwann den Zeltlagern gleichen, wie wir sie aus dem Libanon oder Jordanien kennen? Diese Konsequenzen nicht zu durchdenken oder sich um die Antworten herumzudrücken, wäre jedenfalls kein Ausweis moralischen Tiefgangs, sondern wäre, im Gegenteil, Ausdruck von Verantwortungslosigkeit.

Deswegen gibt es eine *vierte Antwort*, die aus meiner Sicht allein wirklich moralisch tragfähig ist. Sie hält fest: Die Grenzen unseres liebenden und einfühlenden Handelns sind keine geographischen Grenzen. Ob jemand in Afrika in Not ist oder vor unserer eigenen Haustür, kann dann keine tragende Rolle spielen, wenn wir den Universalismus des biblischen Liebesgebots wirklich ernst nehmen. Grenzen unseres liebenden und einfühlenden Handelns können nur in der Begrenztheit der Kraft liegen, die wir haben. Hier kommt aus religiöser Sicht das ins Spiel, was Martin Luther unter dem Stichwort „Rechtfertigungslehre" in seiner Zeit neu entdeckt hat und was heute in ökumenischer Gemeinsamkeit festgestellt werden kann: Der Mensch ist gerechtfertigt nicht aus Werken, sondern allein aus Glauben. Nicht dadurch, dass wir das universale Liebesgebot erfüllen, finden wir inneren Frieden, sondern dadurch, dass wir uns mit aller Begrenztheit unserer Kraft von Gott geliebt fühlen dürfen.

Aus dieser Perspektive gehen wir mit unseren Grenzen nicht so um, dass wir die moralischen Normen, die wir als verpflichtend empfinden, so ermäßigen, dass sie unseren Möglichkeiten entsprechen, sondern indem wir das, was wir nicht vollbringen können, vor Gott bringen und um Vergebung bitten. Nur so können moralisch hochsensible Menschen ihre Sensibilität bewahren und gleichzeitig ein Leben aus innerer Freiheit führen. Ich bin fest davon überzeugt, dass die Rechtfertigungslehre, die vor 500 Jahren für Martin Luther die große Befreiung war, auch heute nichts von ihrer Aktualität verloren hat. Die Flüchtlingsfrage ist eines von vielen Beispielen. Wir tun, was in unserer Macht steht, den Rest legen wir in Gottes Hand.

Wer diese Antwort ernst nimmt, sieht schnell, dass sie in Spannung steht zur Festsetzung von „Obergrenzen", wie sie im vergangenen Jahr so heftig diskutiert worden sind. Denn eine feste Obergrenze ist unvereinbar mit der Dynamik, die in dem Spannungsfeld von universaler Beistandsverpflichtung und Begrenztheit der Möglichkeiten steckt. Wer sich größeren moralischen Herausforderungen gegenübersieht, der mag auch größere moralische Kräfte mobilisieren als es vorher möglich erschienen wäre. Die Bewältigung der Aufnahme von knapp einer Million Flüchtlinge in Deutschland wäre noch ein Jahr vorher als völlig unmöglich erschienen. Obergrenzen hätten die Mobilisierung der Hilfsbereitschaft verhindert, die wir erlebt haben und die die ganze Welt beeindruckt hat.

Wie aber mit den faktisch vorhandenen Gefühlen der Überforderung umgehen? Wer das letzte Jahr Revue passieren lässt, wird natürlich sehen und ernst nehmen müssen, dass viele Menschen mit solchen Überforderungsgefühlen ringen und sich Sorgen machen, dass wir die andauernd hohe Zahl ankommender Flüchtlinge irgendwann nicht mehr bewältigen können. Eine Haltung der Einfühlsamkeit kann ja nicht bedeuten, dass wir nicht mehr von den Ängsten reden dürfen, die viele umtreiben. Unsere Empathie brauchen auch die, die sich als Verlierer gesellschaftlicher Verteilungsprozesse fühlen oder Angst haben, zu Verlierern zu werden. Die Angst vor dem Unbekannten und davor, dass sich etwas in unserem Leben verändert. Die Angst, dass die Integration der vielen Menschen nicht gut gelingt. Oder die Angst vor sozialer Ungerechtigkeit, dass nun die Schwachen gegen die Schwachen stehen. Solche Ängste müssen offen ausgesprochen werden dürfen, ohne dass sie gleich als politisch inkorrekt oder als unchristlich etikettiert werden.

Die Ereignisse in der Kölner Silvesternacht waren deswegen so desaströs für die Atmosphäre in Deutschland, weil sie latente Ängste vor einer Gefährdung unserer Sicherheit durch die ins Land gekommenen Flüchtlinge zu bestätigen schienen und weil sie bei vielen ihr Grundvertrauen in die Sicherheitsorgane erschütterten. Und nicht zuletzt, weil der Eindruck entstanden ist, diese Umstände dürften nicht benannt werden und seien in der Berichterstattung bewusst ausgeklammert worden.

Man kann auch als Mann ahnen, wie schlimm es für Frauen sein muss, wie Freiwild von Männern eingekreist und angefasst zu werden. Dass diese Art von sexistischer Gewalt entschieden bekämpft und geahndet werden muss, darf man zum Grundkonsens in Deutschland zählen. Gegenüber denen, die das Thema sexueller Gewalt gegen Frauen erst in Verbindung mit dem Flüchtlingsthema entdeckt haben, ist allerdings auch festzustellen: Die Verharmlosung männlicher Übergriffe auf Frauen als Kavaliersdelikt muss in der Zukunft auch dann der Vergangenheit angehören, wenn die Täter – wie in der übergroßen Mehrzahl der Fälle – Deutsche sind.

Wenn sie, wie in Köln, von Menschen mit Migrationshintergrund ausgehen, dann gilt umso mehr, was ich lange vor den Kölner Ereignissen in meinem Bericht vor der EKD-Synode im November 2015 mit allem Nachdruck gesagt habe: Die Gleichberechtigung von Frauen gehört zu der menschenrechtlichen Ausrichtung unserer Gesellschaft. Es wird eine große Herausforderung für die Bildungsarbeit in unserem Land sein, das in die Herzen von Menschen zu bringen, die in ihren Kulturen oft von anderen Frauenbildern geprägt worden sind.

Der Umgang mit den Informationen im Zusammenhang mit den Kölner Ereignissen hat uns aber auch noch ein weiteres gelehrt: Auf allen Seiten müssen wir selektive Wahrnehmungsmuster überwinden. Wir müssen unsere jeweils eigene Sicht der Chancen und Probleme im Zusammenhang mit hier ankommenden Flüchtlingen durch möglichst exakte empirische Daten überprüfen. Wenn eine solide Kriminalstatistik ergibt, dass Menschen mit Migrationshintergrund nicht überdurchschnittlich häufig Straftaten begehen, müssen wir die eigene Sicht überdenken, selbst wenn der Befund gefühlt anders ist. Wenn die Statistiken aber ergeben, dass Zugewanderte generell oder in bestimmten Bereichen messbar häufiger straffällig werden, dann muss man das wahrnehmen und es müssen die damit zusammenhängenden Probleme angegangen werden.

Informationen aus der Sorge heraus zu unterdrücken, dass sie Vorbehalten gegenüber Ausländern neue Nahrung geben könnten, ist jedenfalls nicht der richtige Weg. Wenn man sich nicht auf umfassende Information verlassen kann, stärkt das nur das Misstrauen und nährt damit die Vorbehalte. Die zur Verfügung stehenden Informationen müssen – wo sie verlässlich sind – weitergegeben werden. Auf dieser Basis muss dann mit guten Gründen gegen Generalverdachtstendenzen argumentiert werden.

Gerade angesichts von faktisch existierenden Ängsten kommt es entscheidend darauf an, wie wir über solche Ängste reden. Auch unser Reden über diese Ängste muss von Empathie geprägt sein. Wenn es das nicht mehr ist, ist unser Nein gefordert.

Niemand unterschätze die Bedeutung von Worten. Worte, wenn sie von Empathie geprägt sind, können dazu motivieren, mit Schutzsuchenden würdig umzugehen, auch wenn es Probleme gibt, und ihnen im Übrigen auch dann noch beizustehen, wenn sie nach Ende ihres Asylverfahrens nicht hier bleiben können. Worte können – wenn sie von menschlicher Kälte geprägt sind – aber auch dazu führen, dass sich ablehnende Stimmungen gegen Asylsuchende aufbauen und Einstellungen salonfähig werden, die die christlichen Grundorientierungen und die in ihnen zum Ausdruck kommende Menschenwürde mit Füßen treten. Und sie können dazu führen, dass sich Menschen ermutigt fühlen, die zu brutaler Gewalt greifen. Gewaltattacken auf Geflüchtete und Brandanschläge auf ihre Unterkünfte sind die Konsequenz.

Die erschreckende Zunahme von Rechtsextremismus und Rechtsterrorismus im vergangenen Jahr kann auch auf das Anheizen einer Stimmung zurückgeführt werden, die Angst vor Flüchtlingen schürte und insbesondere den Islam als Religion pauschal verurteilte und damit fremdenfeindliche Tendenzen nährte. Die Zahl rechter Straftaten ist im vergangenen Jahr um mehr als ein Drittel gestiegen, die der rechten Gewaltdelikte sogar um gut 44 Prozent.

Das sind Rekordwerte. Die Straftaten gegen Asylunterkünfte und ihre Bewohner haben sich vervierfacht, die Zahl der gewaltsamen Angriffe auf Flüchtlingsheime versechsfacht. Die meist fremdenfeindliche Hasskriminalität hat um 77 Prozent zugenommen, die strafbaren Hass-Postings im Internet sind um 176 Prozent gewachsen.

Wenn es stimmt, dass der Nährboden für diesen besorgniserregenden Befund auch Worte sind, dann gilt es mehr denn je, auf die Worte zu achten, die Politiker und andere öffentliche Personen gebrauchen, wenn sie über Flüchtlinge reden. Das Erschreckendste am Rechtsradikalismus und seinen rechtspopulistischen Vorstufen ist für mich seine menschliche Kälte. Deswegen ist solche menschliche Kälte in öffentlichen Äußerungen auch dann gefährlich, wenn man denen, die sie von sich geben, keinen Rechtextremismus vorwerfen kann.

Man kann über alles diskutieren: über Möglichkeiten der Steuerung der Flüchtlingsbewegungen, über die Notwendigkeit der Rückführung, über die bessere Sicherung der EU-Außengrenzen und auch über Überforderungsgefühle bei der Aufnahme. Aber es darf dabei nie eine menschliche Kälte zum Ausdruck kommen, die unberührt bleibt vom Leid der Menschen, um die es geht.

„Sprache dichtet und denkt nicht nur für mich, sie lenkt auch mein Gefühl, sie steuert mein ganzes seelisches Wesen [...]. Worte können sein wie winzige Arsendosen: sie werden unbemerkt verschluckt, sie scheinen keine Wirkung zu tun, und nach einiger Zeit ist die Giftwirkung doch da." Das hat der Romanist Victor Klemperer im *Notizbuch eines Philologen* formuliert, als er die Sprache des Dritten Reiches analysierte.

Auch Sprache kann die Menschenwürde verletzen. Wie tief eine Kultur der Menschenwürde in einem Land verwurzelt ist, zeigt sich gerade daran, ob auch in schwierigen, angstbesetzten Situationen Menschen noch als Menschen gelten, die unsere Empathie verdienen. Wenn wir als Kirchen in den letzten Monaten immer wieder auf die Bedeutung der Sprache für die öffentliche Kultur hingewiesen und manche Äußerungen von Politikern auch konkret und deutlich kritisiert haben, dann ging es genau um Achtsamkeit in dieser Frage.

Wie ist nun aber auf die jetzige Situation zu reagieren?

was jetzt zu tun ist

Eine der wichtigsten Voraussetzungen für die Bewältigung der Herausforderungen, die mit der Aufnahme der Flüchtlinge verbunden sind, ist eine Grundhaltung unter den politisch Verantwortlichen, die Lösungsorientierung ins Zentrum rückt und den politischen Parteienstreit dem strikt unterordnet. Wir müssen aufhören, in der Flüchtlingsfrage politische Symboldebatten zu führen. Dass parteipolitische Machtkämpfe über diese Debatten ausgetragen werden, verbietet sich ohnehin, denn es geht für viele der betroffenen Menschen buchstäblich um Leben oder Tod.

Von denen, die profilierte Vorschläge in der politischen Debatte machen, darf erwartet werden, dass sie aufzeigen, wie die vorgeschlagenen Maßnahmen funktionieren sollen und welche Konsequenzen sie für die jeweils betroffenen Menschen haben werden. Andernfalls muss offen gesagt werden, dass die Probleme zu komplex sind, um zu einfachen Lösungen zu gelangen und dass eben wirklich an vielen Stellschrauben gedreht werden muss, um zu Lösungen zu kommen.

Das war der Grund dafür, dass aus den Reihen der Kirchen die Forderung nach der Einführung von „Obergrenzen" für die Aufnahme von Flüchtlingen kritisch kommentiert wurde. Wie wir gesehen haben, kann es im Lichte der christlichen Überlieferung keine festliegende Obergrenze für Hilfsbereitschaft geben. Die Anstrengungen, die Menschen unternehmen, stehen vielmehr in einem dynamischen Wechselverhältnis zu der Not, mit der wir konfrontiert sind. Wer sich von übergroßer Not anrühren lässt, kann eben auch über sich hinauswachsen. Wie könnten die Kirchen dem Grenzen setzen wollen? Sie müssten sich und ihre Botschaft dabei ja selbst verleugnen.

Aber auch die Operationalisierbarkeit dieser Forderung ist nie erläutert worden. Soll das Asylrecht für Menschen jenseits einer festgesetzten Obergrenze nicht mehr gelten? Wie soll gewährleistet werden, dass die humanitären Verpflichtungen gegenüber den betroffenen Menschen, die für uns moralisch und rechtlich verbindlich sind, auf andere Weise erfüllt werden?

Die andere große Symboldebatte des vergangenen Jahres drehte sich um einen Satz. „Wir schaffen das" – hatte die Bundeskanzlerin bei ihrer Sommerpressekonferenz am 31. August 2015 gesagt. Zu diesem Zeitpunkt erwartete das Bundesinnenministerium bereits eine Zahl von 800 000 Flüchtlingen, die in Deutschland aufzunehmen sein würden. Die Bundeskanzlerin sagte: „Wann immer es darauf ankommt, sind wir – Bundesregierung, Länder und Kommunen – in der Lage, das Richtige und das

Notwendige zu tun". Und fügte dann hinzu: „Deutschland ist ein starkes Land. Das Motiv, mit dem wir an diese Dinge herangehen, muss sein: Wir haben so vieles geschafft – wir schaffen das!"

Wer sich den Kontext des Satzes noch einmal vor Augen führt, der später – ob positiv oder negativ – fast zu etwas wie einer politischen Bekenntnisfrage hochstilisiert wurde, der kann diesen Satz eigentlich nur als selbstverständlichen und in dieser Situation geradezu notwendigen Impuls einer Regierungschefin sehen, mit dem sie ihrem Land angesichts einer großen Herausforderung Mut zuspricht und zur gemeinsamen Anstrengung zur Bewältigung dieser Herausforderung aufruft. Dass dieser Satz so in die politische Kontroverse geraten ist, war bedauerlich. Denn er strahlte genau den christlichen Geist der Zuversicht aus, den unser Land damals brauchte und den es auch heute braucht.

Was in dieser Situation nottut, ist integrieren, nicht polarisieren. Wir können die Probleme nur dann lösen, wenn jetzt wirklich alle zusammen helfen. Jenseits der Symboldebatten, davon bin ich überzeugt, ist der Konsens unter den großen politischen Kräften in unserem Land viel größer, als das in der öffentlichen Debatte des letzten Jahres zum Ausdruck gekommen ist.

Soweit ich sehen kann, spricht niemand von einer unbegrenzten Aufnahmekapazität Deutschlands. Deswegen ist es auch eine ebenfalls von allen prägenden Kräften in unserem Land geteilte Erkenntnis, dass der Schlüssel für die langfristige Lösung des Problems in der Beseitigung der Fluchtursachen besteht. Intensive und vor allem diplomatische Anstrengungen zur Beendigung der Kriege gehören genauso dazu wie die Überwindung extremer Armut und die Bekämpfung des Klimawandels, der die

Flüchtlingsströme der Zukunft zu verursachen droht.

Schließlich ist es auch Konsens in unserem Land, dass die Herrschaft des Rechts nicht zur Disposition stehen darf. Nur registrierte Flüchtlinge können eine rechtliche Klärung ihres Aufenthaltsstatus bekommen und auch die nötige Hilfe empfangen. Die Defizite bei der Erfassung der Flüchtlinge im Spätsommer 2015 lagen in einer mangelnden Vorbereitung auf diese Situation begründet. Zahlreiche verschiedene Erfassungssysteme liefen nebeneinander her, die es schwer machten, verlässliche Informationen über die ankommenden Flüchtlinge zu gewinnen. Und die Registrierstationen waren mit der großen Zahl schlicht überfordert. Inzwischen ist Abhilfe geschaffen. Mit dem neuen Flüchtlingsausweis ist die Datenerfassung vereinheitlicht. Die Asylverfahren laufen durch die Neuorganisation im dafür zuständigen Bundesamt für Migration und Flüchtlinge (BAMF) erheblich schneller. Es besteht eine echte Perspektive, dass die Altfälle bei den Asylverfahren in absehbarer Zeit abgearbeitet werden können und der Zustand endlich aufhört, dass Asylsuchende hier jahrelang in Flüchtlingsunterkünften auf ihr Verfahren warten müssen, ohne eine klare Perspektive für die Zukunft zu haben. Je schneller das geschafft ist, desto schneller können Flüchtlinge, die voller Tatendrang auf Arbeitsmöglichkeiten und Existenzgründung hoffen und damit auch ihre Dankbarkeit für die Aufnahme bei uns durch Fleiß und Engagement bezeugen wollen, endlich zu dieser Gesellschaft beitragen.

Herrschaft des Rechts wiederherstellen heißt aber auch, die rechtsradikale Gewalt in den Griff zu bekommen. Wir brauchen ein breites gesellschaftliches Bündnis gegen solche rechtsradikale Gewalt. Das „Bayerische Bündnis für Toleranz – Demokratie und Menschenwürde schützen" ist ein hervorragendes Beispiel dafür. Mittlerweile 64 Organisationen und Institutionen aus der Mitte der bayerischen Gesellschaft arbeiten darin mit und haben es sich zur Aufgabe gemacht, für Toleranz zu werben und rechtsextremen Tendenzen entgegenzutreten. Die 2016 gegründete „Allianz für Weltoffenheit", in der sich Kirchen, Gewerkschaften, Arbeitgeberverbände, Wohlfahrtsverbände, Sportverbände und andere Großorganisationen zusammengeschlossen haben, um Fremdenfeindlichkeit und andere Erscheinungsformen des Rechtsextremismus zu bekämpfen, ist ein weiteres Beispiel. Politik und Gesellschaft müssen hier klare Kante zeigen, damit menschenfeindliche Einstellungen nicht salonfähig werden.

Für das alles scheint mir ein großer Konsens in Deutschland möglich zu sein. Ich wünsche mir, dass die maßgeblichen politischen Kräfte das auch deutlich machen. Das wäre das beste Mittel gegen das Erstarken von Rechtspopulismus und Rechtsradikalismus.

Wenn der Geist der Gemeinsamkeit hier in Deutschland die Oberhand behält, werden wir die Mammutaufgabe bewältigen, die Flüchtlinge zu integrieren. Angesichts der finanziellen, zivilgesellschaftlichen und empathischen Kraft, mit der wir als Land gesegnet sind, bin ich guter Hoffnung, dass dies gelingen kann.

Solange die Ursachen für die Flucht so vieler Menschen – allen voran der Krieg in Syrien und im Nordirak – nicht beseitigt sind, werden weiterhin zahlreiche Menschen irgendwo Zuflucht suchen. Angesichts der Extrembelastungen, die die an die Konfliktregion angrenzenden Länder schon jetzt zu tragen haben, wird auch Europa seinen Beitrag zur weiteren Aufnahme zu leisten haben. Wenn sich Europa wirklich auf seine christlichen Wurzeln berufen will, dann müssen alle Länder Europas auch bereit sein, Menschen in Not aufzunehmen. Dass die Grenzen der Aufnahmekapazitäten Europas schon erreicht sind, wird man nicht sagen können, wenn man die Aufnahmezahlen zu den 500 Millionen Einwohnern Europas in Relation setzt und sich dann klar macht, wie viele Flüchtlinge von anderen Ländern wie Jordanien, dem Libanon und der Türkei aufgenommen werden. Angesichts der Not müssen alle ihren Beitrag leisten, auch die EU. Angesichts der religiösen Wurzeln Europas im Christentum und der damit verbunden moralischen Orientierungen vielleicht gerade Europa.

Über unsere kirchlichen Kontakte bekommen diejenigen, um deren Not es geht, ein Gesicht. Während der EKD-Synode in Bremen im November 2015 erreichte mich das Mail einer Frau, die in Bayern lebt und familiär eng mit Syrien verbunden ist. Über ihre familiären Kontakte gab sie mir schon vorher regelmäßig Einblick in die Dramatik der Situation in Nordsyrien. „Die Situation der Christen vom Khabour" – schrieb sie – „spitzt sich immer weiter zu, vorgestern Nacht sind 25 syrische Christen aus der Gegend von Hasaka bei dem Versuch, das Mittelmeer zwischen der Türkei und Griechenland zu überqueren, spurlos verschwunden – unter anderem Frauen und Kinder. Es steht zu befürchten, dass sich angesichts des drohenden Winters und der Perspektivlosigkeit noch mehr Menschen auf diesen gefährlichen Weg machen. Wir versuchen, sie abzuhalten, mahnen zur Geduld, aber viele der Flüchtlinge wissen weder ein noch aus und haben kein sicheres Dach über dem Kopf. Eine Rückkehr in die Dörfer ist keine Option, IS wütet nach wie vor, alles ist verwüstet und bestimmt keine Zuflucht für traumatisierte Menschen [ ]. Deshalb nochmals meine dringende Bitte: Kann man diesen Menschen gar nicht legal und schnell helfen?"

Und wenig später kam noch ein Mail, mit nur einem Satz: „Gerade eben erhielten wir die Information, dass von den Verschwundenen bis jetzt zehn ertrunken am Strand in der Türkei angespült wurden."

Das sind die Menschen, über die wir reden, wenn wir über Aufnahmekapazitäten, Familiennachzug und legale Fluchtwege diskutieren. Wenn verzweifelte Menschen keinen anderen Weg finden, vor Krieg und Verfolgung zu fliehen, dann sind sie auf lebensgefährliche Schlepperboote angewiesen.

Deswegen fordern wir als Kirchen mehr Resettlement-Kontingente in Deutschland und in der EU für Flüchtlinge aus Ländern, in denen die Verfolgungssituation offensichtlich ist. Auch hinter der Forderung nach Familienzusammenführung stehen viele Hilferufe, die uns als Kirchen, insbesondere aus Syrien und dem Irak erreichen, und in denen Menschen uns inständig darum bitten, ihnen bei der Rettung ihrer Angehörigen aus den umkämpften Gebieten zu Hilfe zu kommen. Auch für eine großzügigere Handhabung der Vergabe humanitärer Visa werben wir aus dem gleichen Grund.

Die Aufnahme von Flüchtlingen muss in Europa insgesamt neu geregelt werden. Es bleibt dabei, auch diejenigen europäischen Staaten müssen bei der Aufnahme von Flüchtlingen in die Pflicht genommen werden, die sich daran bisher kaum beteiligt haben.

Es ist allerdings nicht akzeptabel, dass Asylsuchende in manchen Ländern Europas so schlecht behandelt werden, dass minimale humanitäre Standards verletzt werden. Wo Flüchtlinge in solche Länder abgeschoben werden sollen, entschließen sich einige, im Vergleich zur Gesamtzahl der Flüchtlinge extrem wenige Kirchengemeinden, Kirchenasyl zu gewähren. Ich bin dankbar dafür, dass sich durch Vereinbarungen zur weitest möglichen Klärung humanitärer Härtefälle mit dem Bundesamt für Migration und Flüchtlinge die Diskussion um dieses Instrument etwas abgekühlt hat. Ich bin aber auch dankbar dafür, dass der Wert der humanitären Tradition des Kirchenasyls durch die zurückliegende Debatte noch einmal deutlich unterstrichen wurde. Und vor allem bin ich dankbar für all die Menschen in unseren Kirchengemeinden und darüber hinaus überall in der Gesellschaft und auch in den zuständigen Behörden, die sich für eine den christlich-humanitären Traditionen unseres Landes angemessene würdige Aufnahme von Flüchtlingen einsetzen und dafür viel Liebe und Lebenszeit investieren. Sie sind für mich Vorbilder für die Exzellenzinitiative der Humanität, die wir im Umgang mit den Flüchtlingen brauchen, um viele Jahre später zurückblicken und sagen zu können: Wir haben diese schwierige Herausforderung gemeistert und sind unseren humanitären Traditionen dabei treu geblieben.

Neben den Regelungen zum Asylrecht müssen wir ein modernes Zuwanderungs-Konzept entwickeln. So nötig und wichtig humanitäre Weiterentwicklungen von Recht und Rechtspraxis im Bereich der Asylpolitik sind, so klar ist auch, dass dadurch der Mangel des fehlenden Konzeptes für eine humane und weltoffene Migrations- und Zuwanderungspolitik nicht kompensiert werden kann. Das Asylrecht ist für Menschen da, die vor Verfolgung fliehen und bei uns Schutz suchen. Es ist aber nicht das geeignete Instrument, um Perspektiven und faire Regelungen für die vielen anderen Flüchtlinge zu schaffen, die aus anderen Gründen in ihren Herkunftsländern keine Lebensmöglichkeit sehen und deshalb zu uns kommen. Zwar gibt es schon jetzt zahlreiche Regelungen, die den Arbeitsmarkt hier für Menschen aus anderen Ländern öffnen. Aber sie werden nur wenig genutzt und sind häufig auch kaum bekannt.

Niemand – das muss der Ehrlichkeit halber festgestellt werden – sollte erwarten, dass die Asylverfahren dadurch entscheidend entlastet werden, denn auch ein Einwanderungsgesetz wird auswählen. Und das heißt immer auch: ausschließen.

Dennoch wäre ein Einwanderungsgesetz auch im Umgang mit konkreten Asylfällen ein Fortschritt. Immer wieder entstehen absurde Situationen vor Ort, in denen Asylsuchende einen Arbeitsplatz haben, an dem sie auch dringend gebraucht werden. Aber die rechtlichen Regelungen, die nötig sind, damit sie bleiben können, fehlen. Die Sabotage solcher Win-Win-Situationen durch fehlende rechtliche Regelungen muss überwunden werden. Dazu kann ein Einwanderungsgesetz beitragen, das den Zugang nach Deutschland mehr als bisher vom Asylrecht entkoppelt.

Die wichtigste und nachhaltigste, aber eben vermutlich auch schwerste Dimension eines zukunftsfähigen Umgangs mit den Flüchtlingsbewegungen ist die Bekämpfung der Fluchtursachen. Darüber besteht grundsätzlich ein breiter Konsens. An der konsequenten Berücksichtigung in der konkreten politischen Arbeit fehlt es jedoch.

Wie sehr es aber auf die konkrete und manchmal kaum beachtete Umsetzung ankommt, zeigt ein Versäumnis, auf das von den Kirchen früh und immer wieder hingewiesen worden war, leider aber vergeblich. Die Situation in den Flüchtlingslagern des Nahen Ostens konnte Monate, bevor der große Flüchtlingszug einsetzte, nur als erbärmlich bezeichnet werden. Am 1. Januar 2015 musste der UNHCR die Unterstützung der Flüchtlinge – nicht nur in Lagern – von 27 Dollar pro Kopf pro Monat auf 13,50, also 50 Prozent der ursprünglichen Summe herunterfahren. Nach neuen Zusagen der EU und anderen wurden sie später – viel zu spät – wieder auf 80 Prozent erhöht. Die Kopfzahl von Empfängern war und blieb aber pro Familie auf 5 Personen beschränkt, was die Realität der Familiengrößen nur in seltenen Fällen abdeckte. Und mit dieser Minimalversorgung war noch keineswegs das gewährleistet, was Menschen für ein Leben in Würde brauchen. Die unhaltbaren Zustände in den Flüchtlingslagern der Kriegsregion waren ein wesentlicher Grund dafür, dass sich Menschen auf den Weg nach Europa machten, in der Hoffnung, dort endlich Möglichkeiten eines Lebens in Würde zu finden.

An diesem Punkt haben die politisch Verantwortlichen inzwischen dazu gelernt. Jenseits der kritischen Rückfragen an das Türkei-Abkommen hinsichtlich der Einhaltung menschenrechtlicher Standards ist es richtig, dass die EU große Geldsummen zur Verfügung stellt, damit die Flüchtlingslager vor Ort so ausgestattet werden, dass Menschen dort in Würde leben und Kinder eine angemessene Schulbildung bekommen können. Auch das Programm der Bundesregierung, mit dem bis zum Jahresende 2016 insgesamt 50 000 Arbeitsplätze in den Nachbarländern Syriens geschaffen werden sollen, ist ein richtiger Ansatz. Die Jobs in der Türkei, im Libanon, im Irak sowie in Jordanien sollen den Menschen ein

Stück Hoffnung und Bleibeperspektiven geben. Ihre Kinder – so die Hoffnung – können zur Schule gehen, sie können für sich und ihre Familien den Lebensunterhalt verdienen oder sich eine eigene Bleibe bauen.

Schwieriger als die Unterstützung der Flüchtlinge in der Region ist die Bekämpfung der Gründe, die sie überhaupt erst zu Flüchtlingen gemacht haben. Unzählige diplomatische Initiativen zur Beendigung des Krieges in Syrien sind gescheitert. Militärische Interventionen haben keine erkennbar befriedende Wirkung entfaltet. Niemand kann gegenwärtig für sich in Anspruch nehmen, den richtigen Weg zu einer Lösung zu wissen.

Dennoch können wir schon jetzt Lernerfahrungen für die Zukunft festhalten. Eine will ich ausdrücklich nennen. Der jetzige Krieg kann nur so geführt werden wie er geführt wird, weil seit Jahrzehnten Waffen in diese

Region geliefert werden. Immer wieder haben die Kirchen die gegenwärtige Waffenexportpraxis kritisiert, die dazu beigetragen hat, dass die Waffen, mit denen jetzt so viel Leid angerichtet wird, überhaupt in die entsprechenden Regionen gelangt sind.

Noch immer wird das Arbeitsplatzargument herangezogen, um Waffenexporte in Krisenregionen zu rechtfertigen. Es ist richtig, dass bei allen Aussagen zu diesem Thema auch die Familien mitbedacht werden, deren Lebensunterhalt gegenwärtig von der Waffenproduktion abhängt. Aber angesichts von Leid und Tod, die viele der Waffen anrichten, ist die richtige Antwort nicht die Fortschreibung der jetzigen Produktionen, sondern die Transformation dieser Produktionen einschließlich der daran hängenden Arbeitsplätze auf Produkte, die nicht Leben und Wohlstand zerstören, sondern Wohlstand schaffen.

Wenn wir nach Fluchtursachen fragen, muss natürlich auch die Frage weltweiter wirtschaftlicher Gerechtigkeit in den Blick kommen. Dass jeden Tag 24 000 Menschen sterben, weil Nahrung und Medizin auf der Welt nicht gerecht verteilt ist, bleibt ein moralischer Skandal. Wer einigermaßen ehrlich auf die Perspektiven der Flüchtlingsströme in der Zukunft schaut, sieht schnell, dass es neben moralischen Gründen in zunehmender Deutlichkeit auch reine Klugheitsgründe sind, die hier zum Handeln veranlassen. Denn es kann ja niemand im Ernst meinen, dass Menschen, die an Leib und Leben bedroht sind, sich auf Dauer durch militärische Sicherung der Land- und Seegrenzen davon abhalten lassen, nach Europa zu kommen. Und es wäre auch ein wirklich trauriges Zukunftsbild, wenn Europa zunehmend zur Festung würde, die sich nicht gegen militärische Angreifer – wie das bei Festungen früher der Fall war – verteidigt, sondern gegen verzweifelte Menschen, die einfach nur ein einigermaßen würdiges Leben führen wollen!

Deswegen sollten in Zukunft alle Regierungsbeschlüsse einer „Eine-Welt-Verträglichkeitsprüfung" unterzogen werden. Schaden solche Beschlüsse den Schwächsten auf der Welt oder verbessern sie ihre Situation? Wir müssen in der Zukunft viel mehr als bisher klar machen, dass Flüchtlingspolitik nicht nur Krisenmanagement bei kurzfristig auftretenden Flüchtlingsströmen ist. Vielmehr ist Handelspolitik die Flüchtlingspolitik der Zukunft. Wer durch extrem billige Milchimporte aus der EU in Westafrika die Existenz der dortigen Milchbauern zerstört, weil sie mit den billigen Preisen nicht mithalten können, muss sich nicht wundern, wenn sie sich aus materieller Not irgendwann auf den Weg nach Europa machen. Deswegen muss, etwa in die Beratungen über Handelsabkommen wie TTIP, auch die Frage einfließen, wie sich dieses Handelsabkommen auf die armen Länder auswirkt und was es für die Situation der Schwächsten bedeutet. Das ist kluge und weitsichtige Flüchtlingspolitik.

Auch Klimapolitik ist Flüchtlingspolitik der Zukunft. Wir können die Vorhersagen der Wissenschaftler über Hunderte von Millionen Flüchtlinge nicht ignorieren, die es geben wird, wenn es uns nicht gelingt, die Klimaerwärmung auf 1,5 bis 2 Grad zu begrenzen. Der Abschluss des Pariser Klimaabkommens und seine schnelle Ratifizierung ist deswegen ein großes Hoffnungszeichen und zugleich ein ermutigendes Signal der Handlungsfähigkeit internationaler Politik. Ich bin angesichts der sozialen und technologischen Ressourcen auf dieser Erde davon überzeugt, dass es gelingen kann, so etwas wie ein globales soziales und ökologisches Wirtschaftswunder zu erreichen, das es ermöglicht, in einigen Jahrzehnten die äußeren Voraussetzungen dazu zu schaffen, dass jeder Mensch auf dieser Erde in Würde leben kann, ohne dass gleichzeitig die natürlichen Lebensgrundlagen zerstört werden. Aber wir müssen es wollen.

Die Bekämpfung der Fluchtursachen wird nicht kurzfristig wirken. Wir werden uns deswegen auch in der unmittelbaren Zukunft auf die Aufnahme weiterer Flüchtlinge einzustellen haben. Umso wichtiger ist die Mammutaufgabe der Integration.

Eine an dem Liebesgebot und der Goldenen Regel orientierte Ethik der Einfühlung, wie ich sie zu beschreiben versucht habe, hat eine unmittelbare sozialethische Relevanz, wenn es um das Thema der Integration und um die Regeln geht, die im gesellschaftlichen Zusammenleben gelten. Einer solchen

Ethik der Einfühlung korrespondiert eine Rechtskultur, die von wechselseitiger Anerkennung geprägt ist. Solche wechselseitige Anerkennung ist mit dem Menschenwürdekriterium untrennbar verbunden, das für alle Überlegungen zu Aufnahme und Integration von Flüchtlingen von so zentraler Bedeutung ist.

Dem Anspruch von Menschen, die als Flüchtlinge und Migranten um Aufnahme suchen, auf eine an der Menschenwürde orientierte Behandlung korrespondiert die Verpflichtung, sich auf die damit verbundenen Rechtstraditionen einzulassen. Von denen, die in den Demokratien Europas Aufnahme suchen, darf nicht die *Assimilation* verlangt werden, die Aufgabe also ihrer eigenen religiös-kulturellen Traditionen um der Anpassung an das Aufnahmeland willen. Die *Integration* aber darf verlangt werden, das Sich-Einlassen auf diejenigen

Regeln also, die eine Kultur wechselseitiger Anerkennung in der Gesellschaft befördern und daher Grundlage für ein gelingendes Zusammenleben gerade der Verschiedenen sind.

Damit solche wechselseitige Anerkennung Gestalt gewinnt, kann auf das Medium der Kommunikation nicht verzichtet werden. Der Bereitschaft, sich auf die Regeln wechselseitiger Anerkennung einzulassen, korrespondiert deswegen auch die Bereitschaft, die Sprache des Aufnahmelandes zu erlernen. Eine von zahlreichen kulturellen Biotopen geprägte gesellschaftliche Insellandschaft bleibt hinter den Anforderungen an eine Kultur wechselseitiger Anerkennung zurück, weil sie noch nicht einmal die wechselseitige Wahrnehmung ermöglicht. Religiöse und kulturelle Kommunikation im Geist wechselseitiger Anerkennung gehört

zu den Regenerationsgrundlagen einer Gesellschaft, die ihre Orientierung an der Menschenwürde vital halten will.

Die Menschen, die hierher kommen, bringen ihre jeweiligen kulturellen und religiösen Hintergründe mit. Sie kommen in ein freies Land, in dem sie ihre religiösen und kulturellen Traditionen auch leben können. Das genau ist es, was die Freiheit ausmacht. Und deswegen ist in einem freien Land Kultur nie etwas Statisches. Sie ist dynamisch. Sie verändert sich.

Wir haben viele Dinge in unserem Land liebgewonnen, die früher als kulturfremd galten. Das Essen ist das beste Beispiel. Pizza und Döner, die noch vor wenigen Jahrzehnten als Produkt fremder Länder galten, sind heute genauso selbstverständlicher Teil unserer Esskultur wie die bayerischen Weißwürste, die schwäbischen Käsespätzle oder der norddeutsche Matjeshering.

Dass es Prinzipien gibt, auf die sich die Menschen einzulassen bereit sein müssen, die hier leben wollen, das muss klar sein. Es sind die Menschenrechte, die so etwas wie die DNA unseres Grundgesetzes bilden. Dass sie in unserem Land einen so zentralen Stellenwert haben, ist ein wichtiger Grund, warum die Menschen auf der Flucht aus ihren Ländern gerade hierher fliehen. Dass die Menschenrechte sich in besonderer Weise christlichen Wurzeln verdanken, darf und soll man sagen. Aber ihr Kern, die Glaubens- und Gewissensfreiheit, ist gerade deswegen so anziehend, weil er jenseits der eigenen Religion offen ist für andere religiöse Traditionen und ihnen ein gleiches Recht zur Ausübung ihres Glaubens gibt. Überall da, wo Intoleranz zwischen verschiedenen religiösen Traditionen sichtbar wird, muss klar gemacht werden, welcher Segen es ist, dass hier nach der langen Lerngeschichte der letzten Jahrhunderte Regeln des friedlichen Zusammenlebens gelten, die nicht zur Disposition stehen können.

Nur in diesem menschenrechtlichen Sinne sollten wir von „Leitkultur" sprechen. Die Rede von der „christlichen Leitkultur" wirkt in unguter Weise ausgrenzend gegenüber denen, die sich nicht als Christen verstehen, sich aber vollen Herzens auf den übergreifenden Konsens der gemeinsamen menschenrechtlichen Grundorientierungen einlassen wollen. Wesentliche christliche Überzeugungen haben in diesem menschenrechtlichen Grundkonsens Eingang gefunden. Deswegen liegt es ganz in der Ziellinie dieser christlicher Überzeugungen, wenn sie als „menschenrechtliche Leitkultur" auch von denen geteilt und bejaht werden können, die sich von anderen religiösen oder weltanschaulichen Traditionen her verstehen.

Die Gleichberechtigung von Frauen gehört zu dieser menschenrechtlichen Ausrichtung unserer Gesellschaft. Aber auch das Antisemitismus-Tabu. Wenn Menschen jetzt aus arabischen Ländern zu uns kommen, in denen Antisemitismus Teile der Kultur mitbestimmt, dann müssen wir ihnen tatsächlich in dieser Hinsicht klare Lernerfahrungen hier in Deutschland zumuten. Antisemitismus muss tabu sein – ganz besonders in Deutschland. Unsere Gesellschaft ist daher verpflichtet, klar Flagge zu zeigen gegenüber allen rechten Hetzern, die heute wieder auf Demonstrationen öffentlich antisemitische Parolen rufen.

Mein Amt führt mich in viele lokale Kontexte. Die Besuche vor Ort dämpfen nicht meinen Optimismus, dass die Aufgabe der Integration zu bewältigen ist, sondern sie steigern ihn. Während in den öffentlichen Diskussionen die Ängste im Mittelpunkt stehen, wird Integration vor Ort gelebt.

Unbegleitete minderjährige Flüchtlinge werden im Dorf aufgenommen und erfahren vielfältige Zuwendung – im Flüchtlingskreis der Kirchengemeinde, beim Sprachkurs durch Ehrenamtliche oder als Leistungsträger im örtlichen Fußballverein. Und immer wieder passiert es, dass Handwerksmeister die jungen Leute entdecken und sich zu ihnen schnell eine väterlich zugewandte Beziehung entwickelt. Umso größer ist die Frustration, wenn das Integrationshindernis weder bei skeptischen Dorfbewohnern noch bei Fehlverhalten der Asylsuchenden liegt, sondern in gesetzlichen Hürden, die die Teilhabe erschweren oder gar unmöglich machen.

Was aber an vielen Orten gut gelingt, ist die Begegnung. Das ist vor allem dort der Fall, wo Asylsuchende dezentral untergebracht werden und so viel persönlicher mit Helferkreisen oder der ortsansässigen Bevölkerung insgesamt in Kontakt kommen können als in zentralen Massenunterkünften.

Die zentrale Bedeutung der Begegnung wird auch dadurch unterstrichen, dass Ausländerfeindlichkeit oder irrationale pauschale Ängste vor dem Islam an den Orten am stärksten ausgeprägt sind, an denen am wenigsten Menschen mit Migrationshintergrund oder muslimischem Glauben leben.

Natürlich spielt für die Integration auch eine zentrale Rolle, ob die Teilhabe am gesellschaftlichen Leben durch Arbeit gelingt. Die bisherigen Erfahrungen deuten darauf hin, dass diese Teilhabe gelingen kann, aber Zeit braucht und geduldige Qualifizierungsanstrengungen erfordert. Anders gesagt: die jetzt angekommenen Flüchtlinge sind nicht die Fachkräfte von morgen, sondern von übermorgen. Immerhin 10 Prozent pro Jahr – sagen die Fachleute – können qualifiziert werden.

Damit die Schwachen nicht gegen die Schwachen ausgespielt werden können, muss das Thema soziale Gerechtigkeit neu in den Blick unserer politischen Diskussion treten.

Auch unter Menschen, die schon bisher hier leben, gibt es soziale Not. Sie soweit wie irgend möglich zu überwinden, ist eine wichtige Voraussetzung dafür, dass Integration gelingt, und dass vermeidbare Konkurrenzen zwischen Flüchtlingen und armen Deutschen verhindert werden.

Sozialer Wohnungsbau spielt dabei eine zentrale Rolle. Weil der Bau von Wohnungen Zeit braucht, entstehen gegenwärtig tatsächliche Konkurrenzen zwischen der gewachsenen Zahl von Menschen, die auf billigen Wohnraum angewiesen sind. Durch flexible Baugenehmigungsprozesse und die Bereitstellung der notwendigen Finanzierung müssen Kommunen in die Lage versetzt werden, rasch zu bauen und diese Konkurrenzen dadurch so schnell wie möglich zu überwinden.

Deutschland hat das große Glück, die Flüchtlinge in einer Zeit aufnehmen zu können, in der über mehrere Jahre hinweg riesige Haushaltsüberschüsse zu verzeichnen sind. Auch was die privaten Ressourcen betrifft, ist Deutschland ein reiches Land. Deutschlands Privathaushalte verfügen über ein so großes Geldvermögen wie noch nie: Auf 5339 Milliarden Euro summierte sich das Vermögen in Form von Bargeld, Wertpapieren, Bankeinlagen sowie Ansprüchen gegenüber Versicherungen zum Ende des ersten Quartals 2016.

Natürlich ist dieses Geldvermögen höchst ungleich verteilt. Umso mehr muss gerade jetzt die Diskussion darüber intensiviert werden, wie das Auseinanderdriften zwischen arm und reich verhindert werden kann und wie sichergestellt werden kann, dass die notwendigen Ressourcen für die großen gesellschaftlichen Zukunftsaufgaben wie die Integration auch wirklich zur Verfügung stehen.

Damit Integration gelingt, müssen die Religionen gesprächsfähig sein. Ich bin im vergangenen Jahr gerade auch von der Politik immer wieder auf die Notwendigkeit angesprochen worden, dass die Religionen durch eine Kultur wechselseitiger Verständigung zum gesellschaftlichen Frieden beitragen sollten. Ich glaube, dass wir angesichts der Missbrauchsanfälligkeit von Religionen mit ihren jeweiligen Heiligen Schriften und deren Aussagen zu Gewalt diese Verantwortung als Friedensstifter tatsächlich haben. Dabei kommt dem Dialog zwischen Christentum und Islam eine besondere Rolle zu.

Jeder Mensch ist geschaffen zum Bilde Gottes. Und deswegen verdient er Achtung und Wertschätzung unabhängig von seinen religiösen Überzeugungen. Dieser Geist muss auch unsere Gespräche und Begegnungen mit den Vertreterinnen und Vertretern anderer Religionen prägen, gerade dann, wenn wir auch die Differenzen zwischen den Religionen deutlich machen.

Dazu gehört auch, dass wir die Beurteilung der jeweils anderen Religion nicht an ihren Pervertierungen festmachen, sondern mindestens genauso an ihren starken und zukunftsfähigen Ausdrucksformen. Für das Christentum in Geschichte und Gegenwart wünschen wir uns das ja auch.

Für das Verhältnis zum Islam heißt das: Wenn religiöse Gruppen oder Staaten sich zur Legitimierung von Terror, Gewalt und Unterdrückung auf die islamische Religion berufen, dann muss den dahinter stehenden menschenfeindlichen Ideologien in aller Klarheit widersprochen werden. Die Berufung auf Gott zur Misshandlung oder Ermordung von Menschen, die doch geschaffen sind zu seinem Bilde, ist nichts anderes als Gotteslästerung. Umso nachdrücklicher sollten wir all diejenigen in den Religionen – insbesondere auch im Islam – unterstützen, die mit uns genau an diesem Punkte einig sind.

Deswegen habe ich es auch ausdrücklich bejaht, dass Islamische Theologie nun auch an öffentlichen Universitäten gelehrt wird und dort Religionslehrer ausgebildet werden, die im Studium durch kritische Reflexion der eigenen Traditionen hindurchgehen und auf dieser Basis islamischen Religionsunterricht an öffentlichen Schulen erteilen. Solcher Religionsunterricht ist die beste Basis für die Herausbildung eines an Gewaltfreiheit und Toleranz orientierten Glaubens, der junge Leute immun macht gegenüber den ideologischen Anwerbeversuchen islamistischer Gruppen.

Für Christen ergibt sich die Aufgabe des interreligiösen Dialogs aus ihrem christlichen Bekenntnis. Denn radikale Christusliebe heißt radikale Menschenliebe. Und radikale Menschenliebe impliziert, dass wir uns in einer hörenden Grundhaltung auf ihre religiösen und kulturellen Traditionen einlassen. Angst davor müssen wir nur haben, wenn wir selbst in unserem Glauben unsicher sind. Auch daran, ob wir so tief in unserem eigenen Glauben verwurzelt sind, dass wir ohne Angst auf andere Religionen zugehen können, wird sich entscheiden, ob Integration gelingt!

Ich habe mich sehr über die Worte Navid Kermanis, Worte also einer prominenten muslimischen Stimme unseres Landes, gefreut, der in seinem Buch *Ungläubiges Staunen über das Christentum* schreibt: „Wenn ich etwas am Christentum bewundere, oder vielleicht sollte ich sagen: an den Christen…, dann ist es nicht etwa die geliebte Kunst, nicht die Zivilisation mitsamt der Musik und Architektur, nicht dieser oder jener Ritus, so reich er auch sein mag. Es ist die spezifisch christliche Liebe…" Und Kermani fährt dann fort: Eine Liebe, „die über das Maß hinaus geht, auf das ein Mensch auch ohne Gott kommen könnte."

Eine Sprache der Empathie und wertschätzenden Einfühlung, aber auch der Ehrlichkeit im Umgang mit den Unterschieden zwischen den Religionen muss grundsätzlich der Grundton des interreligiösen Gespräches sein.

Beim interreligiösen Dialog, ebenso wie beim ehrenamtlichen und hauptamtlichen Einsatz in der Begleitung der Flüchtlinge, kommt den Kirchen eine zentrale Bedeutung zu. Auch auf internationaler Ebene können die Kirchen durch ihre ökumenischen Netzwerke einen wichtigen Beitrag leisten.

Ende Oktober 2015 habe ich in meiner Eigenschaft als EKD-Ratsvorsitzender und als Landesbischof der gastgebenden bayerischen Landeskirche zusammen mit dem Generalsekretär des Weltkirchenrats 35 Vertreter von Kirchen aus 20 Ländern Europas und des Nahen Ostens nach München eingeladen. Wir wollten ausloten, was wir als Kirchen tun können, um den Geflohenen so zu begegnen, dass es unseren christlichen Grundorientierungen gerecht wird, und wir wollten einen klaren kirchlichen Gegenakzent gegen die Entsolidarisierung und Re-Nationalisierung Europas setzen. Die Erzbischöfin der Kirche von Schweden, Antje Jackelén, ganz im Norden Europas, war ebenso dabei wie der vom IS aus seiner Stadt vertriebene syrisch-orthodoxe Erzbischof von Mossul, Mor Nicodemus, mit dem ich bei meinem Besuch im Nordirak vor gut einem Jahr zusammen mit den aus Mossul vertriebenen Christen schon in Erbil Gottesdienst gefeiert hatte.

Das Treffen hat für mich ein gemeinsames Zeichen der Hoffnung gesetzt. In drei wichtigen Punkten waren sich alle Teilnehmer einig – und das war angesichts der ganz unterschiedlichen Herkunftsländer alles andere als eine Selbstverständlichkeit:

Erstens: Humanität und Menschenwürde kennen für uns keine Grenzen. Denn Gott selbst begegnet uns im Fremden. Flüchtlinge sind kein statistisches Zahlenwerk. Kein

Strom und keine Flut. Sondern Menschen mit Würde, geschaffen zum Ebenbild Gottes.

Zweitens: Wir wollen in unseren Ländern Mut machen, auch in Zukunft solidarisch mit Menschen auf der Flucht vor Krieg und Terror zu sein. Wir wollen unser je unterschiedliches Gewicht in unseren eigenen Ländern nutzen, um für ein entsprechendes Handeln unserer Regierungen einzutreten.

Und schließlich drittens: als Kirchen sprechen wir uns gemeinsam gegen einen Kurs der Re-Nationalisierung in Europa aus. Wir sind fest davon überzeugt, dass das Friedensprojekt Europa nichts von seiner Bedeutung verloren hat, sondern vielleicht niemals wichtiger war als heute!

Am 18./19. Januar 2016 fand in Genf eine Nachfolgekonferenz statt, bei der auch die mit der Flüchtlingshilfe befassten UNO-Organisationen einbezogen waren. Aus diesen und anderen Gesprächszusammenhängen heraus wandten sich am 15. September 2015 die Leitenden Geistlichen der 20 evangelischen Landeskirchen in Deutschland an die deutsche und europäische Öffentlichkeit. Es war die erste Erklärung dieser Art in der Geschichte der EKD. Flüchtlinge willkommen zu heißen und aufzunehmen – so die Erklärung – ist ein Gebot der Humanität und ein Gebot christlicher Verantwortung. „Unsere Gesellschaft steht vor einer großen Herausforderung, aber auch unsere Kräfte sind groß", hieß es in dem Papier. „Wir sind dankbar für die vielfältige Hilfsbereitschaft!" Die Leitenden Geistlichen unterstrichen die kirchliche Forderung nach legalen Zugangswegen nach Europa und riefen dazu auf, Fluchtursachen zu bekämpfen: Klimaveränderungen, Kriege, Verfolgung und extreme Armut seien Folge globaler Handelsbeziehungen, Waffenlieferungen und eines Lebensstils, der die Ressourcen der Erde verbraucht. „Eine Umkehr von diesen ungerechten Verhältnissen ist an der Zeit", hieß es in dem Papier.

Aber auch viele bilaterale Gespräche haben im vergangenen Jahr stattgefunden. Manche im vertraulichen Rahmen. Manche auch öffentlich. Am 9.Juli 2016 etwa habe ich in Budapest bei den europäischen „Christlichen Begegnungstagen" mit dem ungarischen Sozial- und Kultusminister Zoltan Balog diskutiert. Natürlich habe ich auch an dieser Stelle unter Hinweis auf die biblischen Traditionen für eine offene Haltung gegenüber Flüchtlingen geworben. Zoltan Balog ist reformierter Pfarrer. Ich kenne ihn aus früheren Begegnungen und habe mich gerade angesichts der gegenwärtig schwierigen Beziehungen zwischen Ungarn und Deutschland auf diesen Dialog gefreut.

Balog hat in der Diskussion auch tatsächlich interessante Akzente gesetzt. Man müsse selbstkritisch sagen, dass es nicht darum gehe, christliche Werte zu verteidigen, sondern sie zu vertreten. Er wandte sich gegen alles öffentliche Reden, das Hetze gegen Flüchtlinge verursache. Die Diskussion war kontrovers. Mir liegt aber sehr viel an der Weiterführung des Gesprächs ohne moralische Richtersprüche. Ich meine, bestimmte Schneisen des Konsenses wahrgenommen zu haben, etwa bei der Kritik an einem Rechtspopulismus, der menschliche Kälte zum Prinzip macht. Der Dialog zwischen den unterschiedlichen Positionen in Europa muss ernsthaft geführt werden, auch wenn es manchmal schwer ist. Andere Länder in Europa von Deutschland aus moralisch abzuqualifizieren, hilft nicht weiter. Wir müssen im Gespräch bleiben. Die Kirchen können dabei über ihre ökumenischen Netzwerke eine wichtige Rolle spielen.

aus dem
geist der
zuversicht
leben

Menschen leben aus den Geschichten, die sie in ihrem Leben geprägt haben. Das gilt auch für ein ganzes Land. Es ist für ein Land entscheidend, aus welchen Narrativen es lebt. Die Frage, aus welchen Geschichten wir leben, geht weit über den Raum der persönlichen Frömmigkeit hinaus.

Ich bin davon überzeugt, dass die biblischen Narrative gerade jetzt für Deutschland und Europa eine ganz besondere Bedeutung haben. Ein wesentliches Merkmal der biblischen Tradition ist ihre besondere Sensibilität für die Verarbeitung von Krisen. Immer wieder wird in den biblischen Texten deutlich, wie die Krise eines Narrativs der Beginn eines neuen Narrativs ist. Die Bedrückung der Israeliten in Ägypten wird nicht in der Perspektive des Fatalismus als Verhängnis Israels dargestellt. Sie wird auch nicht als Geschichte vor Augen geführt, in der sich frühere Sklavenarbeiter hocharbeiten hin zu materiellem Wohlstand. Und sie ist nicht die Geschichte einer revolutionären Bewegung, in der der Mensch sich emanzipiert von allen nicht aus ihm selbst heraus gewachsenen Bindungen. Sondern sie wird als Geschichte vor Augen geführt, in der Gott sein Volk errettet und in die Freiheit führt.

Das Faszinierende ist, dass genau in dieser Erfahrung der Errettung nun die Grundlage für eine konstruktive Bewältigung der potentiellen Konflikte zukünftigen Zusammenlebens kommt. Eine bestimmte Deutung der Krise wird zur Grundlage eines gelingenden Umgangs mit zukünftigen Krisen: „…ihr wisset um der Fremdlinge Herz, weil ihr auch Fremdlinge in Ägyptenland gewesen seid".

Die Beziehung zu Gott als Geber des Lebens und als Retter aus der Unterdrückung ist die Grundlage dafür, dass die Freiheit nicht als eigene Errungenschaft gedeutet wird, sondern als „geschenkte Freiheit", die Hoffnung und Zuversicht ermöglicht und zur Solidarität verpflichtet. So wie unsere Väter und Mütter im Glauben vertrauen wir auf Gott und seine Begleitung in dem, was wir gegenwärtig gerade an Problemen, Krisen und Herausforderungen sehen.

Hunderttausende Ehrenamtliche in den christlichen Gemeinden führen in diesem Geist und auf der Basis dieser biblischen Krisenbewältigungskompetenz nicht Klage über die hohe Zahl von Flüchtlingen oder befeuern Ängste, sondern handeln und verbreiten so Zuversicht anstatt Fatalismus. Sie haben zusammen mit vielen anderen in der Bevölkerung wie in der politischen Spitze dazu beigetragen, dass die Welt über unser Land und seine empathische Kraft gestaunt hat. Das darf jetzt niemand kaputt machen!

Auch ein weltanschaulich neutraler Staat braucht Narrative, die helfen, Geschichte zu deuten. Vielleicht braucht er gerade jetzt Hoffnungsgeschichten. In den religiösen Traditionen überlieferte Geschichten sind nicht die einzigen, aber ganz bestimmt reichhaltige Quellen für solche Hoffnungsgeschichten. Als Kirchen werden wir weiter mit Leidenschaft die kraftvollen Hoffnungsgeschichten der jüdisch-christlichen Tradition in die gesellschaftlichen Debatten einbringen, manchmal implizit, manchmal aber auch explizit.

Eine Verheißung des Propheten Jesaja gehört für mich zu den eindrucksvollsten Hoffnungstexten der Bibel. Mit dieser Verheißung möchte ich schließen:

„Brich dem Hungrigen dein Brot, und die im Elend ohne Obdach sind, führe ins Haus! Wenn du einen nackt siehst, so kleide ihn, und entzieh dich nicht deinem Fleisch und Blut! Dann wird dein Licht hervorbrechen wie die Morgenröte, und deine Heilung wird schnell voranschreiten, und deine Gerechtigkeit wird vor dir hergehen, und die Herrlichkeit des HERRN wird deinen Zug beschließen... Und der HERR wird dich immerdar führen und dich sättigen in der Dürre und dein Gebein stärken. Und du wirst sein wie ein bewässerter Garten und wie eine Wasserquelle, der es nie an Wasser fehlt..." (Jes 58,7-12).

Diese Verheißung galt vor 2 500 Jahren dem biblischen Volk Israel, als es im babylonischen Exil am Boden lag. Um wieviel mehr gilt sie uns in einem Land, das in diesen Tagen in vieler Hinsicht gesegnet ist wie kaum ein anderes. Es ist Zeit, die Sorge um die Zukunft zu überwinden und als Land aus der Kraft, der Liebe und der Hoffnung zu leben.